FACULTÉ DE DROIT DE PARIS

DE LA

CAPITIS DEMINUTIO MINIMA

EN DROIT ROMAIN

DE

L'EXTINCTION DE L'USUFRUIT

EN DROIT FRANÇAIS

THÈSE POUR LE DOCTORAT

PAR

ÉDOUARD DELASTRE

PARIS
LIBRAIRIE NOUVELLE DE DROIT ET DE JURISPRUDENCE
ARTHUR ROUSSEAU
ÉDITEUR
14, RUE SOUFFLOT ET RUE TOULLIER, 13.

1884

THÈSE

POUR LE DOCTORAT

Imp. du Fort-Carré, 19, Chaussée d'Antin (Paris).

FACULTÉ DE DROIT DE PARIS

DE LA CAPITIS DEMINUTIO MINIMA EN DROIT ROMAIN

DE L'EXTINCTION DE L'USUFRUIT EN DROIT FRANÇAIS

THÈSE POUR LE DOCTORAT

SOUTENUE LE

JEUDI 18 DÉCEMBRE 1884, A 2 HEURES 1/2

PAR

ÉDOUARD DELASTRE

Président : M. BUFNOIR

SUFFRAGANTS : MM. VUATRIN, professeur.
GÉRARDIN, id.
LAINÉ, agrégé.

PARIS
LIBRAIRIE NOUVELLE DE DROIT ET DE JURISPRUDENCE
ARTHUR ROUSSEAU
ÉDITEUR
14, RUE SOUFFLOT ET RUE TOULLIER, 13.

1884

A LA MÉMOIRE DE MON PÈRE

A MA MÈRE

MEIS ET AMICIS

DROIT ROMAIN

DE LA

CAPITIS DEMINUTIO MINIMA

INTRODUCTION

On a souvent reproché aux législations anciennes leur esprit étroit et jaloux; ces législations établies pour le territoire restreint d'une cité ne s'appliquaient, en effet, qu'aux citoyens: quiconque était membre de la cité pouvait se prévaloir des lois de la cité; celui, au contraire, qui n'avait pas le titre envié de citoyen était en dehors de la loi. Mais on n'a peut-être pas remarqué aussi souvent que cette conception étroite de la loi est très générale; elle se retrouve encore, atténuée sans doute, mais vivante néanmoins, dans la plupart des législations modernes, sinon dans toutes.

Sans doute, les limites de la cité ont été reculées jusqu'aux limites de l'État, on n'admet plus guère que dans un même État, il puisse y avoir plusieurs lois (1); mais c'est là une conséquence uniquement de la disparition des classes entre les sujets de l'État, cela n'empêche pas que quiconque n'est pas citoyen, ou, suivant l'expression moderne, national, est privé de la participation aux droits.

(1) Encore en est-il autrement dans certains pays, notamment aux États-Unis, en Suisse et même en Allemagne.

Sans doute, on reconnaît aux étrangers la jouissance d'un certain nombre de droits, d'un nombre considérable de droits, si l'on veut, mais est-ce là autre chose que le développement normal de ce que les nations antiques appelaient le droit des gens, dont le germe se retrouve dans les législations les plus reculées ? Ce développement n'empêche pas que la distinction entre le droit civil ou droit applicable aux seuls citoyens, et le droit des gens, ne soit encore, aujourd'hui, une des traditions les mieux respectées par la jurisprudence (V. art. II, C. civ. ; conf. Aubry et Rau, *Droit civil*, t. I, p. 294, 4e édit., § 78, texte et notes 16, 17, etc.).

Ce n'est pas ici le lieu de rechercher le fondement rationnel de cette tradition quasi-universelle, nous en voulons seulement relever la conséquence logique.

On devrait être nécessairement amené, à penser que, puisqu'un homme ne jouit des droits civils que comme citoyen, on n'avait qu'à lui enlever la qualité de citoyen pour le priver de ses droits ; de là les institutions qui, sous des noms divers, mort civile, dégradation, excommunication, interdiction, mise hors la loi, *capitis deminutio*, ont toutes le même but général : priver un homme de ses droits de citoyen, habituellement, mais non pas toujours, à titre de peine.

Seulement cette même institution se transforme complètement, malgré les apparences, en passant d'une législation dans une autre, et cela se comprend aisément.

Dans les législations modernes et notamment dans la nôtre, les droits dont chacun jouit comme citoyen sont peu nombreux, surtout dans le domaine du droit privé. — Créer une institution qui enléverait aux citoyens avec leur titre la jouissance de tous les droits privés, notamment les droits de succession et les droits de famille, serait donc un illogisme, un contre sens, même une injustice, car tous ces droits sont reconnus à l'homme en raison de sa qualité d'homme et non en raison de sa qualité de citoyen. — Voilà pourquoi la mort civile à laquelle on avait en 1803 conservé ses effets traditionnels devait être fatalement rayée de nos codes ; la ténacité des anciennes traditions peut même seule expliquer comment elle a subsisté jusqu'au 31 mai 1854.

Dans les législations antiques, au contraire, il était rationnel de donner à la mort civile des effets fort étendus, puisque c'était en sa qualité de citoyen, et non en celle d'homme, que l'individu jouissait de presque tous les droits, même des droits de famille et de succession. — Notamment à Rome la comparaison de la *capitis deminutio* avec la mort n'était pas absolument fausse ; — la *capitis deminutio* en enlevant à l'individu les droits de citoyen lui enlevait la plus grande partie et les plus importants des droits ; — en sorte qu'au moins à l'égard de la cité, on pouvait considérer comme mort le *capite minutus*.

Sans doute on risquerait encore de s'égarer si l'on calquait les effets de la *capitis deminutio* sur ceux de la mort, mais on se tromperait beaucoup moins que lorsque, dans notre droit moderne, on attache à la mort civile les mêmes effets qu'à la mort naturelle.

L'idée que ces lignes donnent de la *capitis deminutio* ne paraîtra peut-être pas absolument exacte, si l'on remarque que notre sujet est uniquement la « *capitis deminutio minima* ». Des auteurs éminents ne rapprochent, en effet, de la mort que les deux grandes *capitis deminutiones* ; ainsi fait M. de Savigny lorsqu'il cite pour la *maxima* : L. 209, D. *De Reg., jur.*, (50, 17) ; — L. 59, § 2. D. *De Condit.* (35-1) ; — L. 5, pr. D. *De bon. dam*, (48-20) — pour la *media*, L. I, § 8, D. *De bon poss. c. tab.*, (37-4) — L. 4, § 2, D. *De bon. libert.* (38-2). (V. Savigny, *Traité de Droit romain, trad. Guenoux*, t. 2, p. 70 — V. aussi Ortolan ; *Explication des Inst.* I p. 153), mais un texte, au moins, fait le rapprochement sans aucune distinction entre les *capitis deminutiones*, et dans des cas même où la pensée de l'auteur se porte à la fois sur les trois (§ 153, G. C. III).

Il ne semble pas d'ailleurs exagéré de considérer comme une mort cette *capitis deminutio* après laquelle le citoyen reparaît, il est vrai, mais après avoir perdu son nom, sa famille, son culte, tout ce qui constituait son individualité, sa personnalité juridique, de sorte que de tout point c'est un homme nouveau, à peu près comme celui qui vient d'être affranchi. Ce point de vue semble d'ailleurs admis par notre savant maître M. Accarias (*Précis. de dr., rom.*, t. I, p. 426, 3e édit.).

Pour nous, nous pousserons peut-être plus loin qu'on ne le fait généralement les conséquences de cette idée que la *capitis deminutio*, même *minima* (1), est une sorte de mort ; mais il nous a semblé qu'une thèse autorisait et même encourageait les hardiesses.

Quoi qu'il en soit, cette conception nous a déterminé à diviser cette thèse en trois parties.

I. — Notion générale et nature juridique de la *capitis deminutio*.

II. — Des cas dans lesquels il y a *capitis deminutio minima*.

III. — Des effets de la *capitis deminutio minima*.

(1) Il conviendrait peut-être de ne pas faire allusion à la distinction entre les trois *capitis deminutiones* sans avoir auparavant expliqué cette distinction ; mais une thèse n'est pas un ouvrage d'enseignement. Nous croyons donc pouvoir faire allusion à la distinction tripartite de la *capitis deminutio* avant d'avoir fait connaître le sens de cette distinction (V. fin, 1re partie).

PREMIÈRE PARTIE

NOTION GÉNÉRALE ET NATURE JURIDIQUE

DE LA

CAPITIS DEMINUTIO

CHAPITRE PREMIER

INDICATION DES PRINCIPAUX SYSTÈMES SUR LA NATURE DE LA *capitis deminutio*. — CHOIX D'UN SYSTÈME.

L'expression « *capitis deminutio* » est certainement fort ancienne ; si nous voulons connaître l'institution primitive qu'elle désigne, il ne semble pas inutile de l'analyser : *Deminutio* (1) vient de *de* et *minuere* ; *minuere*, qui a plusieurs sens, signifie proprement mettre en morceaux, briser ; c'est en ce sens qu'Ovide l'emploie lorsqu'il écrit : *minuere ligna, ramalia*, pour exprimer l'idée de fendre du bois, de couper des branches. César « décrivant les attributions des *principes* « *pagorum* de la Germanie, s'exprime ainsi : *inter suos jus di-* « *cunt, controversiasque minuunt ;* ce qui assurément ne si- « gnifie pas que les chefs diminuent les procès, mais qu'ils « les tranchent, qu'ils les jugent. » (Acc., *op. cit.*, p. 425, 3me édit.)

Avec le temps les mots *deminutio* et *minutio* ont été em-

(1). On dit aussi *diminutio* (Sav., *op. cit.*, p. 59).

ployés comme synonymes, même dans le langage précis des jurisconsultes ; car, si ceux-ci disent habituellement *capitis deminutio*, ils appellent aussi très souvent *capite minutus* celui qui a subi une *capitis deminutio ;* mais à l'origine l'adjonction de la préposition « *de* » devait établir entre les deux mots *minuere* et *deminuere* une nuance; or cette préposition « *de* » exprime l'idée d'extraction et en même temps do dépendance, comme dans les locutions suivantes : *de vita decedere* (Cic.), sortir de la vie ; — *de digito annulum de rahere* (Cic.), ôter un anneau du doigt ; —*pendere de collo* (Ovide)., être suspendu au cou ; —*pendere de camera* (Petrone), pendre à une voûte.

La nuance exacte du mot *deminuere* est donc casser, retrancher un morceau d'une chose, séparer la partie du principal, du tout. Ainsi Ciceron : *Deminutio de bonis privatorum,* atteinte portée aux propriétés privées : on retranche quelque chose de la propriété privée. —Tite-Live : *Deminuere aliquid ex regia potestate,* enlever à la puissance royale quelques prérogatives. — Plaute Menechm., II. 2. V. 30, et Térence, *Adelph.*, IV. 2. V. 32 : *Deminuere caput ou cerebrum,* couper la tête, — enfin même, Justinien : *ususfructus non utendo deminuebatur,* l'usufruit se perdait autrefois par le non-usage (L. 13, C. de Serv. 3. 34) (1).

Passons au mot « *caput* » dont le sens est beaucoup plus difficile à fixer. — Ce mot reçoit en droit, certainement, trois significations au moins.

Il est d'abord pris dans le sens de personne et cela très fréquemment : ainsi Paul dit : « *servile caput nullum jus habet* (L. 3, § 1, D. *De cap. min.* 4. 5), ce qui signifie, à n'en pas douter : la personne esclave ou l'esclave n'a aucun droit. De même Servius, Paul et les *Institutes,* définissant la tutelle, appellent l'homme libre *caput liberum* « *Est autem tutela, ut*

(1). Ces deux derniers exemples sont empruntés à M. Accarias, *op. cit.*, p. 425, 426. La plupart des précédents aux excellents dictionnaires de M. Quicherat et de M. Lebaigue.

« *servius definivit, vis ac potestas in capite libero.....* » (§ 1, *Inst.*, de Tut. 1. 13). De même Ulpien, (Règles, XI, § 5, (1); — Sav., *op. cit.* t. 2, p. 453; — Ortolan, *Expl. des Inst.* t. 1 p. 150; —Acc., *op. cit.* t. 1, p. 424, note 1.)

En deuxième lieu, « *caput* » signifie aussi chapitre, division d'un ouvrage. Ainsi nous lisons dans Cicéron : *a primo capite legis usque ad extremum,* c'est-à-dire, depuis le premier chapitre de la loi jusqu'au dernier; — ou encore : *Duo prima capita epistolæ tuæ,* les deux premiers articles de ta lettre ; — dans Celsus Medicus : *quod primo capite supra comprehensum est,* ce qui a été traité dans le chapitre précédent. Ce sens est également très fréquent dans les textes juridiques. — Ainsi, (*Inst. de leg. Aquilia ;* 4. 3) : « *Damni injuriæ actio constituitur per legem Aquiliam : cujus primo capite cautum est ut.....* (pr. — conf. G. G. III, § 210; « *Caput secundum legis Aquiliæ in usu non est* (§ 12, *eod...* — Cf. G. C. III, § 215..; « *Capite tertio de omni cætero damno cavetur,..* (C. G. III, § 217.) — De même dans les *Frag.* (L. 29, § 15, D. *de lib. et post.* (28-2), passage qui est de Cervidius Scœvola (2).

Enfin le troisième sens, celui-là très fréquent aussi dans les textes de droit, fait de « *caput* » le synonyme de « *status* » (3). On peut citer ici le § 1, *Inst., quib. mod. jus pot. solv.,* I. 12 — pr. § 3 et 5, *Inst. de cap. demin.*. 1-16 — G. C. I, § 159, et un grand nombre d'autres textes que nous aurons occasion de citer dans cette thèse. Toutefois nous ne comprenons pas dans les textes employant « *caput* », en ce sens, les *Fr.* (L. 3 L. § 1 et 4, D. *De cap. min.* (4-5), attendu que comme nous l'avons montré plus haut, *caput servile* désigne ici l'homme même). (*Contra,* M. Accarias, t. 1. p. 425, 3me édit. — Mainz, *Cours de droit romain,* t. 1, p. 399-400).

(1). On cite souvent d'autres textes, mais nous ne relevons sur chaque sens que les principaux et surtout ceux dont la traduction ne peut soulever de difficultés.

(2). (Sav., *op. cit.,* p. 451).

(3). *Status* est pris ici comme synonyme d'état.—voir *infra,* partie I, cap. 3, sect. 1.

Ces différents sens du mot « *caput* » ont naturellement engendré des doutes sur l'expression de « *capitis deminutio* »; il importait de les connaître avant d'examiner les différents systèmes qui ont été imaginés sur la nature de la *capitis deminutio*.

M. de Savigny part d'abord d'un excellent point de vue ; il demande aux jurisconsultes romains quelle définition ils ont donné de la *capitis deminutio* et constate que « les anciens « jurisconsultes nous disent dans une foule de textes, c'est « une *status mutatio, commutatio, permutatio* ». Mais cette définition, dit-il, ne nous apprend pas grand'chose, « car les « plus grandes difficultés se présentent pour l'interprétation « du *status*, et ensuite il paraît qu'au mot *mutatio* se rattachent plusieurs idées accessoires bien connues des auteurs « de la définition, mais qu'ils ont négligé d'exprimer ».

Que ces définitions ne soient pas absolument claires, cela est certain; mais si la définition est obscure, ce n'est pas une raison pour en faire sortir ce qui n'y est pas ; or, M. de Savigny continue « à s'en tenir aux mots eux-mêmes, il semble « que la définition exprime deux idées, l'une d'un change- « ment de l'état de la personne, l'autre..... d'un préjudice « résultant du changement d'état. » Nous reconnaissons fort bien que la définition exprime l'idée d'un changement d'état, mais nous ne voyons pas du tout qu'elle exprime celle d'un préjudice résultant du changement d'état. Ce n'est certainement pas dans l'expression « *status mutatio* » que M. de Savigny peut découvrir cette nouvelle idée.

Il ne peut s'y rattacher, qu'en faisant ressortir la différence qu'il y a entre les deux expressions *capitis deminutio* et *status mutatio*, ou en puisant ses renseignements ailleurs que dans les expressions employées ; mais c'est déjà une sorte de préjugé contre son système, que cet abandon qu'il est obligé de faire de la définition des Romains.

Nous admettons bien qu'il soit naturel de penser que deux expressions différentes n'ont pas un sens absolument identique, mais que cette différence, qui résulte spécialement de l'idée contenue dans le mot *deminutio*, soit un préjudice pour la personne dont l'état est changé, une dégradation, voilà qui n'est pas démontré, voilà même qui est en contradiction avec ce que l'on a vu du sens étymologique de « *deminutio* ». M. de Savigny observe, il est vrai, qu'aucun texte ne qualifie *capite minutus* le Latin ou le pérégrin, qui acquiert la cité, et, cependant, ajoute-t-il, il y a *mutatio status ;* ce qui empêche qu'il y ait *capitis deminutio*, c'est que la *mutatio* n'est pas *in deterius*. Nous ne répondrons pas, comme le font certains auteurs, en soutenant qu'il y a dans ces hypothèses *capitis deminutio*, mais nous montrerons un peu plus loin que ce qui fait obstacle à la *capitis deminutio*, en ces deux cas, c'est que le Latin et le pérégrin sont, au point de vue romain, considérés comme n'ayant pas d'état, d'où il suit que l'idée d'une *capitis deminutio*, d'un changement d'état, leur est nécessairement étrangère.

Cette notion écartée, nous pourrions ne pas aller plus loin et tenir pour rejeté le système de M. de Savigny. Mais allons plus loin, admettons pour un instant, cette première idée de M. de Savigny ; le savant auteur va de suite nous demander une autre concession. De ce que la *capitis deminutio* est, suivant lui, un changement préjudiciable, dans l'état de la personne, il conclut que c'est une dégradation en ce qui touche la capacité, parce qu'il a, au commencement du même paragraphe, énuméré un certain nombre de changements d'état qui portent préjudice à la personne et diminuent sa capacité. Que certains changements qui portent préjudice à l'état de la personne diminuent en même temps sa capacité, comme le changement qui fait perdre la liberté ou la cité à un citoyen, cela n'est pas douteux, mais que tous les changements préjudiciables entraînent une diminution de capacité, c'est ce qui n'est pas démontré. On peut concevoir, il nous semble, un changement préjudiciable à la personne qui n'entraîne pas diminution de capacité, par exemple, l'ingénu qui, par exception (1), tombe en la condition d'affranchi, ne voit pas sa capacité diminuée au point de vue juridique. Il est vrai qu'en cette hypothèse, il n'y a pas véritablement changement d'état, il n'y a que changement d'un élément accessoire de l'état (2). Supposons alors un individu *sui juris* qui tombe *in patria potestate*, il y a bien certainement changement d'état, et cependant, en droit, nous ne voyons pas qu'il y ait diminution de capacité. Le fils de famille peut contracter et faire tous actes juridiques, aussi librement que son père; seulement, ces actes n'auront pas les mêmes effets.

Donc, rien ne prouve que la *capitis deminutio* soit un changement d'état préjudiciable, et rien ne prouve qu'un changement d'état préjudiciable soit toujours une diminution de capacité; donc rien ne prouve que la *capitis deminutio* soit une diminution de capacité. Aussi, M. de Savigny reconnaît que sa preuve n'est pas faite par ses seules allégations, car il termine ainsi l'énoncé de son système: « Cela demeure « une simple présomption; pour l'établir comme vérité, il « faut la rapprocher du contenu réel de la triple *capitis demi-* « *nutio*, tel que le donnent les jurisconsultes romains, et « c'est cette comparaison que je vais entreprendre. »

Ainsi, la démonstration, de l'aveu de M. de Savigny, était à faire par l'examen des cas de *capitis deminutio ;* il procède à cet examen, et vérifie aisément sa doctrine, en énumérant les cas de *capitis deminutiones maximæ* et *mediæ ;* là n'est pas la difficulté, mais ce n'est pas tout; pour démontrer que la *capitis deminutio* est une dégradation de capacité, par l'examen des cas où elle se produit, il faut montrer qu'elle l'est, en effet, dans tous les cas, même dans les cas de *capitis*

(1) Le cas le plus connu, peut-être le seul, est celui où une femme libre vit en *contubernum* avec l'esclave d'autrui, du consentement du maître (Tac., *Ann.*, XVI, 53).

(2) Des auteurs, peut-être même M. de Savigny, voient, en ce cas, une « *capitis deminutio* ». Si cela était, il faudrait bien écarter l'idée de diminution de capacité, et c'est peut-être ce qui fait hésister M. de Savigny (V. Sav., *op. cit.*, p. 62, note *e*).

deminutio minima. C'est ici que se présentait la difficulté pour M. de Savigny. Il est, en effet, impossible de voir une dégradation et une diminution de capacité, dans certains cas où l'opinion commune voit une *capitis deminutio minima*. Qu'a fait M. de Savigny ? Il n'a pas résolu cette difficulté, mais il l'a tournée : il a nié qu'il y eût *capitis deminutio* dans ces hypothèses, et, pour justifier son opinion, il a donné de la *capitis deminutio minima* une notion fort étroite, et tout à fait en désaccord avec celle que l'on en donne en général. Il faudrait que l'exactitude de cette notion semble bien solidement établie, pour servir de fondement à tout l'édifice construit par M. de Savigny ; nous retrouverons cette conception originale au commencement du chapitre deuxième ; dès à présent, nous pouvons dire qu'elle nous paraît purement hypothétique (V. Savigny, *Traité de droit romain*, t. 2, § 68, p. 38 et suiv., trad. Guénoux); parmi les auteurs peu nombreux, qui ont adopté le système de M. de Savigny, se trouve notamment Mainz (*Cours de droit romain*, p. 399-400) ; mais cet auteur ne l'a appuyé d'aucun argument nouveau.

D'autres auteurs ont traduit « *capitis deminutio* » par changement d'état ». — C'est la traduction littérale de l'expression *status mutatio*, *permutatio* ou *commutatio*. Telle semble être l'idée de M. Demangeat (*Cours élémentaire de droit romain*, 3e édit., p. 353-II). On peut reprocher à cette traduction de ne pas répondre exactement à la notion de la *capitis deminutio* dans plusieurs hypothèses où elle se rencontre certainement. Ainsi, il n'y a pas changement d'état dans les cas de *capitis deminutio maxima* parce que le *capite minutus* n'acquiert rien en échange de ce qu'il perd. De plus, l'énergie du mot *deminutio* n'est pas rendue par cette traduction.

Déchéance d'état paraît à M. Accarias préférable comme traduction. Cependant ce savant professeur écarte avec raison cette traduction, parce qu'elle risque de suggérer l'idée fausse, par nous critiquée dans le système de M. de Savigny, à savoir que la *capitis deminutio* diminuerait nécessairement la capacité de celui qui la subit (*op. cit.,* t.I, p. 423, note 3, 3e édit.) L'expression « suppression, retranchement d'état » nous paraîtrait se rapprocher d'avantage du sens originaire, mais elle n'échappe pas à la critique formulée par M. Accarias.

A quelle traduction faut-il donc s'arrêter ? A aucune ; suivant nous il est impossible de renfermer en un seul mot toutes les idées qu'éveille cette expression, d'abord parce qu'elle contient une allusion à des institutions toutes romaines qu'il faut d'abord connaître et, en deuxième lieu, parce qu'à Rome même le sens en a varié.

Dans le très ancien droit romain, *capitis deminutio* serait exactement traduit par retranchement de chapitre ; la *capitis deminutio* c'est le retranchement de chapitre du cens, retranchement qui a, au point de vue juridique, des effets très importants. Un peu plus tard, le cens perd son importance et tombe même en désuétude, alors l'expression « *capitis deminutio* » ne désigne plus un fait matériel mais les effets juridiques, probablement même seulement une partie des effets que produisait autrefois le retranchement de chapitre du cens. Or comme cet effet juridique se ramenait tantôt à une déchéance d'état (*cap. dem. maxima et media*), tantôt à un changement d'état (*cap. dem. minima*), l'expression *status mutatio* qui, pour les Romains, correspondait, sans doute, mieux que notre mot « changement », à cette double idée, commence à être employée faute de mieux, comme synonyme de la « *capitis deminutio* ».

Voilà la thèse que nous allons essayer d'établir et dont nous déduirons ensuite les conséquences logiques.

CHAPITRE DEUXIÈME

DISCUSSION ET CONSÉQUENCES DU SYSTÈME ADOPTÉ. DE LA *capitis deminutio* DANS SA FORME PRIMITIVE.

Notre système a pour base les idées résumées dans les deux observations qui suivent.

1° Les législations primitives ne connaissent pas les idées abstraites; elles n'ont pas d'expression pour les rendre: elles réglementent et nomment seulement les faits, les phénomènes juridiques, comme faisait la loi des XII Tables ; ce sont les jurisconsultes qui, venant plus tard, réfléchissent, raisonnent sur ces phénomènes, dégagent les idées abstraites, les principes et construisent les théories, en un mot, forment la science juridique.

Donc, lorsque nous rencontrons une expression très ancienne, nous pouvons affirmer hardiment qu'elle ne rend pas une idée abstraite : or, la locution « *capitis deminutio* » est fort ancienne ; on ne contestera guère, pensons-nous, qu'elle remonte au moins aux XII Tables ; donc, elle n'exprime pas une idée abstraite comme celle d'État, ou si elle l'exprime, ce ne peut être que parce qu'elle a été détournée de sa signification primitive.

Ce raisonnement *a priori* que nous croyons excellent, quelle que soit la législation étudiée, est particulièrement fort quand il s'agit des Romains ; on sait, en effet, avec quelle peine les Romains dégagent les idées générales : ils ne s'en occupent pas, ils se placent toujours au point de vue de la pratique ; quand ils recontrent une idée générale sur leur route ils ne la creusent pas, ils passent à côté; souvent ils n'ont pas de mot pour la rendre, ou le mot qu'ils emploient n'a qu'un sens vague et mal défini, — témoin l'idée d'état; ils l'ont, sans doute, mais le mot *status* qui la rend est si vague que des controverses sans fin se sont élevées sur l'idée que les Romains se faisaient du *status*, de l'État, (V. dans Savigny une idée de ces discussions, *op. cit.*, p. 424 et suiv., *cit.*, p. 424 et suiv.). Si, après les travaux des jurisconsultes, après l'époque classique, on n'est pas plus avancé, comment croire que le droit primitif avait dégagé cette notion de l'état, avait un mot pour le rendre « *caput* » et une expression qui signifiait déchéance ou changement d'état « *capitis deminutio ?* »

2° Lorqu'on essaye de traduire la locution « *capitis deminutio* » on est frappé de la difficulté, on peut dire de l'impossibilité, qu'il y a à la traduire par une expression unique, tandis que les mots « déchéance d'état » ne comprennent pas toutes les *capitis deminutiones minimæ*, celui de « changement d'état » semblent exclure *la capitis deminutio maxima ;* la difficulté vient de ce qu'il faut faire rentrer dans la définition deux idées presque contradictoires, celle de suppression sans remplacement, et celle de supression avec substitution d'un nouvel état au précédent, peut-être même ajouter que cette substitution est tantôt avantageuse, tantôt préjudiciable. Et, si l'on examine de plus près chacune des *capitis deminutiones*, il semble quelles s'éloignent davantage au lieu de se rapprocher; quelle ressemblance y a-t-il, par exemple, entre le fait de tomber en esclavage et celui d'être émancipé? En réalité, on a peine à comprendre que les jurisconsultes romains aient classé ces deux faits sous un même nom et aient considéré la *capitis deminutio* comme une institution vraiment une, et cela, à une époque où l'idée abstraite d'état, idée, qui, pour nous, fait seule l'unité, n'était pas encore dégagée.

De ces réflexions il résulte que toutes les *capitis deminutiones* à l'origine devaient avoir quelque chose de commun et que ce lien ne pouvait être une idée abstraite, mais devait, au contraire, être un fait matériel. De plus, si nous nous rappelons que *deminutio* signifie suppression, retranchement, nous conclurons : toute *capitis deminutio* était à l'origine une suppression, un retranchement matériel du « *caput* ».

Or, parmi les significations de *caput* nous en avons rencontré deux qui peuvent donner lieu à ce retranchement matériel :

La personne physique peut être tuée, mais nous savons que cela ne constitue pas la *capitis deminutio*. Cette traduction écartée, il reste celle-ci : la *capitis deminutio* est un retranchement du chapitre. Voilà la traduction qui s'impose à nous ; mais quel est le chapitre, si important pour l'état de l'homme, qu'on pourra identifier la suppression du chapitre avec la suppression ou le changement de l'état ? Niebuhr l'a dit : c'est le chapitre du cens (*Hist. Rom.*, L. 2, p. 379, avec la note de la traduction de Golbery). Cette traduction est-elle acceptable au point de vue des textes et de la langue romaine ? Sans aucun doute : *caput* est très anciennement employé pour signifier chapitre, division d'un ouvrage. Cicéron l'emploie couramment et nullement comme un néologisme.

Il est employé en particulier avec cette signification lorsqu'il s'agissait des registres d'impôts. « Du temps des empe-« reurs, observe M. de Savigny (*op. cit.*, p. 451, note *c*), on « appelait *caput* une certaine quantité de terre considérée « comme unité cadastrale et payant un *simplum*, c'est-à-« dire comme dans les anciens temps, une cote du registre « des contributions ; car dans l'ancienne Rome la liste des « citoyens était en même temps le rôle des impôts. »

Enfin, cette application aux registres du cens s'imposait en quelque sorte ; chaque mention du registre était consacrée à une tête, à une personne, la division correspondant à chaque *caput hominis*, devait plus nécessairement que partout ailleurs prendre le nom de *caput ;* c'est avec cette double signification que Tite-Live emploie si souvent cette formule « *censa civium capita* », c'est ainsi qu'il peut si facilement savoir le nombre des citoyens et nous dire (Tit. — Liv., liv. I, § 54) qu'il y en a 80,000 : il n'a qu'à savoir le nombre des chapitres qui, sans doute, étaient numérotés. C'est ainsi encore que s'explique très bien le langage des *Institutes* : « *Servus autem manu-* « *missus capite non minuitur, quia nullum caput habuit* » (§ 4, *Inst.* n. t.), l'esclave affranchi ne subit pas de *capitis deminutio*, attendu qu'il n'avait pas encore de chapitre qui pût être détruit, supprimé, car c'est là la *capitis deminutio*, *caput exemptum deletum*, le chapitre ou le citoyen qui disparait, c'est tout un. On a eu tort de mettre ces deux idées en opposition, elles n'en font qu'une, Vinnius aurait pu se mettre d'accord avec Niebuhr. On a eu tort aussi de prétendre que dans le système de Vinnius, c'est le peuple romain qui *capite minutus*, parce que c'est lui qui est diminué, on oublie le sens originaire de *deminutus*, retranché ; c'est bien le citoyen qui est retranché (1).

Il faut maintenant établir la corrélation qu'il y a entre la mention du cens et l'état du citoyen, afin de saisir comment le retranchement du chapitre influait sur l'état, à ce point que la *capitis deminutio* a passé de la première signification à la deuxième. Il convient pour la clarté des explications qui vont suivre de s'arrêter un peu sur le cens.

Si nous en croyons un savant auteur, qui sait pénétrer le génie des Romains, et deviner leurs institutions, le cens

(1). On expliquerait de même la locution « *capite minutus* » dans le système d'Hotomanus. Ne pouvant reproduire tout ce qui a été écrit sur la *capitis deminutio*, nous n'avons rien dit de ce système très original et très ingénieux. Exposons-le en deux mots : Hotomanus suppose que tout citoyen appartient à trois corporations : une qui se compose de tous les membres de sa famille, la deuxième se compose de tous les citoyens, la troisième de tous les hommes libres ; — la *capitis deminutio*, c'est l'exclusion du citoyen de l'une au moins de ces corporations (Hotomanus : *Comm. ad Inst., tit. de cap. dem.* 1-16) I. Q. — Hotomanus se fonde principalement sur la loi (2 D, *de publ. jud.*, (48-1). C'est attacher trop d'importance aux expressions de cette loi. — Ce système d'une réglementation à outrance est trop artificiel pour les Romains. Il conviendrait peut-être aux Français modernes ; mais les peuples antiques laissaient la constitution sociale se développer avec plus de liberté.

remonterait à la plus haute antiquité, et se rattacherait au culte.

Il y avait, à Rome, comme autrefois à Athènes, tous les quatre ou cinq ans, un sacrifice purificatoire, où les prêtres immolaient un mouton, un porc et un taureau, de là le nom de *suovetanrilia* (Tit.-Liv,, I. 44). Cette cérémonie avait pour but d'apaiser les dieux irrités par la négligence, ou même l'impiété avec laquelle quelques citoyens avaient pu accomplir les rites sacrés. Il était nécessaire, pour que toute souillure fût effacée, que tous les citoyens fussent présents, eux tous, mais eux seuls ; eux tous, car on ne savait qui avait été négligent ou impie ; eux seuls, car la présence d'un étranger, nécessairement sectateur d'autres divinités, suivant les idées antiques, aurait enlevé toute vertu au sacrifice, et irrité les dieux romains, au lieu de les apaiser. Il résultait de là que la cérémonie devait être précédée d'une espèce d'appel, de dénombrement où, en quelque sorte, on vérifiait les titres de chaque citoyen (Fustel de Coul., *Cité antique,* p. 190-191).

Suivant M. Fustel de Coulanges, Servius-Tullius ne fit donc que réorganiser le cens (*op. cit.*, p. 343-4) ; suivant Tite-Live, au contraire, ce roi l'inventa (Tit.-Liv., *hist.*, liv. I, § 42). En tous cas, ce qui est certain, c'est que le cens changeant de but, fut désormais, avant tout, une institution militaire.

Tite-Live en témoigne lorsqu'il écrit : Servius « *censum* « *instituit rem saluberrimam tanto futuro imperio ex quo* « *belli pacis que munia non irritum ut ante, sed pro habitu* « *pecuniarum fierent.* » (Tit.-Liv., *loc. cit.*).

Voici en quoi consiste alors essentiellement cette institution.

Chaque citoyen était contraint de déclarer « *metu legis de* « *incensis latœ cum vinculorum minis mortisque.* » (Tit.-Liv., *eod.*) de déclarer sous la foi du serment la valeur de tous ses biens.

D'après cette déclaration, il était placé dans l'une des cinq classes qui supposaient quelque fortune, ou rangé parmi ceux qui n'en avaient pas (*proletarii*).

Chaque classe était subdivisée en un certain nombre de centuries, un nombre pair, afin qu'il y eût toujours autant de centuries de *seniores*, c'est-à-dire d'hommes au-dessus de quarante-six ans, que de *juniores*, c'est-à-dire d'hommes de dix-sept à quarante-six ans (Tite-Live, I. 43; — Aulu-Gelle, *Nuits attiques*, XX, 28).

Remarquons ici après M. Fustel de Coulanges (*op. cit.*, p. 344 et 346) que ces expressions de classes et de centuries désignent habituellement des corps de troupes ; le fait de les avoir appliquées aux subdivisions d'après la fortune est une nouvelle preuve que le cens était une institution militaire (1).

M. Fustel de Coulanges ajoute qu'on remarqua très rapidement que ces divisions offraient un moyen commode, sûr et prompt, de réunir les citoyens, et qu'on l'employa pour les convoquer lorsqu'il s'agissait de voter la loi (*op. cit.*, p. 346, note 1). Peut-être Servius-Tullius avait-il poursuivi un double but en imaginant cette organisation nouvelle ; en tous cas, c'est certainement dès son règne que le cens fut à la fois une institution militaire et une institution électorale, car Denys d'Halicarnasse dit : « *quoties magistratus creare, aut de lege cognoscere, aut bellum alicui inferre volebat, pro curiatis comitiis, centuriata Servius-Tullius indicebat* » (D. d'H., 4, 20, cité dans M. Demangeat, *op. cit.*, p. 37 *d*).

Or, qui a le *jus suffragii* et le *jus militiæ?* Ce sont tous les citoyens et eux seuls ; depuis Servius-Tullius, comme avant, ce sont donc les citoyens et eux seuls qui figurent sur les registres du cens.

Quiconque est inscrit sur les registres est citoyen (Ulp., I, § 8. — Théop, sur le § 3, *De libert.*, 1-5).

Mais quiconque était omis cessait de l'être (Cic., *pro Cæcina*, 34. — Tit-Liv., I. 44).

(1) La répartition des citoyens en classes et en centuries avait encore pour but la répartition de l'impôt, mais l'organisation financière se confondait avec l'organisation militaire : ceux-là seuls qui étaient astreints au service militaire payaient l'impôt. Les *immunes militiæ* étaient aussi exempts d'impôts, *immunes omni tributo* (D. d'H., 4-18).

Voir son chapitre déchiré sur le registre du cens, c'est donc perdre la qualité de citoyen, et avec elle perdre non seulement ses droits électoraux et militaires, mais tous les droits, toute la capacité qu'on a comme citoyen, toute la participation au *jus civile* (1). De la vint le pouvoir si étendu des censeurs.

On comprend avec ce système l'assimilation que les Romains font de *capitis deminutio* avec la mort : pour un Romain n'être plus citoyen, c'est ne plus compter, absolument comme si l'on était mort (2).

On comprend également avec ce système l'unité de la *capitis deminutio*, quel que soit le fait qui en est la cause ; le retranchement du chapitre produit toujours le même effet, absolument comme l'effet de la tradition est toujours le même, quel que soit le motif de la translation de propriété.

C'est à dessein que nous prenons cette comparaison qui paraît n'être pas en parfaite harmonie avec les idées communément reçues ; il nous semble que l'on est tout à fait dans les idées romaines en assimilant la *capitis deminutio* au fait matériel qui est toujours nécessaire pour que les effets juridiques se produisent, de même que le projet de translation de la propriété ne se réalise que par un des modes translatifs, de même que le projet de contracter ne se réalise que par l'emploi de la formule voulue, de même que le projet d'affranchir ne se réalise que par l'inscription sur le registre ou par tout autre mode, de même le fait qui doit entraîner radiation du cens ne produira ses effets qu'au moment de cette radiation. Cela explique qu'un simple report de chapitre pour ordre, par exemple pour changement de classe et de

(1) Dans le langage si poétique des livres sacrés, on trouve une image semblable : Effacé du livre de vie, c'est-à-dire, mort.

(2) Cette conception de la *capitis deminutio* comme une sorte de mort, par suppression de l'existence civile, nous paraît tout à fait conforme à ce que Gaius dit des personnes morales dans la L. *pr.* 56 D. *de usuf.*, 7 — 1 « *Quia, neque morte, nec facile capitis deminutione periturus est (usufructus municipibus relictus).* » Cette *capitis deminutio,* c'est la suppression de la personne morale.

centurie, à la suite d'une augmentation ou d'une diminution de fortune, n'entraîne pas *capitis deminutio*, parce que le fait matériel doit être comme toujours accompagné de l'intention de produire l'effet juridique (1).

Ce système heurte, il est vrai, les idées habituellement reçues sur la *capitis deminutio minima*, cependant il ne nous paraît nullement condamné par ce que nous connaissons de certain sur cette *capitis deminutio*.

Dans ce système la *capitis deminutio* même *minima* entraîne perte de la cité, des droits politiques, de toute capacité civile, de toute participation au *jus civile ;* mais il ne faut pas oublier que ce retranchement de chapitre est immédiatement suivi du rétablissement du chapitre en une autre partie du registre, peut-être est-ce la même feuille qu'on transporte, de sorte que tous les droits enlevés sont immédiatement rendus ou plus exactement ils sont donnés au *capite minutus* parce qu'il acquiert un nouveau droit de cité, absolument comme ils sont donnés à tout homme qui entre dans la cité, par exemple, à l'esclave qui vient d'être affranchi. Tous les droits qui impliquent continuation de la personne sont définitivement perdus. Quant à ceux qui sont restitués : droits électoraux et autres, on a pu considérer très tôt qu'ils n'avaient pas été perdus. On a dû même le faire quand la *capitis deminutio* cessant de s'opérer par le retranchement de chapitre, les conséquences de ce retranchement ont cessé de s'imposer. Mais alors l'unité de la *capitis deminutio* fut détruite. On commença à classer d'une part la *capitis deminutio mi-*

(1) Niebuhr voit une *capitis deminutio* dans le changement d'un citoyen *ærarius*, dans l'exclusion de toutes les tribus ou le renvoi dans une tribu *minus honnesta*. On pourrait ajouter, dit Savigny (*op. cit.*, p. 452, note *d*), la diminution de fortune suffisante pour être rangée dans une classe inférieure. Nous ne croyons pas qu'il y ait dans ces hypothèses, surtout dans la dernière *capitis deminutio ;* mais la solution de cette question est indifférente, puisque, suivant nous, tout se ramène à ceci : le retranchement du chapitre fait dans ces hypothèses par le censeur devait-il, de par la volonté du législateur, être fait avec l'intention de priver de la qualité de citoyen.

nima et de l'autre les deux autres sous le nom de *magnæ*, on les réunit sous le même nom, on les confond toutes les deux ; car toutes deux ont conservé l'idée mère de la *capitis deminutio*, la perte de la cité, (G. C. I, § 163 — L. 1, § 8 D. *ad. S.* C. *Tertul.* 38-17 — L. 5 § 3 D. *de extr. Cogn.*, 50-13) et ce n'est que plus tard, lorsque la notion primitive de la *capitis deminutio* va en s'obscurcissant, qu'on distingue encore entre les deux *capitis deminutiones magnæ*.

C'est ainsi que cette division tripartite qui nous fait un peu perdre de vue l'unité primitive est la plus répandue dans les textes parce qu'à l'époque classique le cens était abandonné et avec lui la signification première de la *capitis deminutio*.

Ces idées bien comprises, venons maintenant aux conséquences de notre système.

Notre système suppose d'abord que tous ceux qui pouvaient subir une *capitis deminutio* avaient un chapitre spécial sur le registre, et qu'à l'inverse, ceux qui n'ont pas de chapitre ne peuvent subir de *capitis deminutio*. Voyons si ces conséquences viennent contredire ou confirmer le système.

A. — D'abord ceux qui n'ont pas de chapitre sur le registre du cens ne peuvent subir une *capitis deminutio*, par conséquent les pérégrins n'en peuvent subir, ni même les Latins ; on admet généralement, il est vrai, que les uns et les autres peuvent subir les deux grandes *capitis deminutiones* ; mais c'est en partant de l'idée que les *capitis deminutiones* constituent un changement d'état, cela ne pourrait donc être opposé à notre système, il faudrait des textes directs affirmant qu'il y avait relativement à ces personnes *capitis deminutio* ; mais ces textes n'existent pas (V. aussi *infra*) ; à l'inverse nous admettons parfaitement que les citoyens qui ont reçu la concession du *jus civitatis sine suffragio* peuvent subir les *capitis deminutiones*, car ceux-là figuraient sur les tables (*cœtirum tabulæ* ou autres analogues). — (Aulu-Gelle, 16, 13. — Velleius Paterculus, 1-14. — Acc., p. 38, note. — Demangeot, p. 170).

B. — Tous ceux qui pouvaient subir une *capitis deminutio* avaient un chapitre spécial sur le registre du cens.

Ici deux situations très importantes à examiner : celle des femmes, — celle des fils de famille.

a. — **Des femmes.** — Etant admis nos prémisses, il est difficile de soutenir que les femmes étaient inscrites sur les registres du cens avec un chapitre spécial.

Nous ne le croyons pas non plus : nous pensons que les femmes étaient inscrites au chapitre de celui dont elles dépendaient, le père qui avait sur elles la puissance paternelle, ou le mari, qui à l'origine acquérait toujours la *manus*, sinon par *confarreatio*, au moins par *usus*.

Il est vrai qu'une femme peut perdre son père avant son mariage ; mais à Rome cela devait être rare, attendu que tout le monde se mariait tôt : les pères étaient donc encore jeunes quand leurs filles étaient en état de se marier.

L'émancipation des filles n'était pas plus que celle des fils dans les habitudes des anciens Romains, le mode d'émancipation emprunté aux XII Tables le prouve. Enfin le célibat pour les femmes était à peu près inconnu et ne se rencontrait guère que pour les Vestales, sur lesquelles nous reviendrons.

Le législateur romain qui s'occupait presqu'exclusivement du droit des citoyens et se souciait assez peu des femmes, avait bien pu ne pas s'occuper de ces hypothèses fort rares.

Ceci posé, puisque la femme n'avait pas de chapitre, la *capitis deminutio* pour elle consistait à être rayée du chapitre de son père ou de son mari. C'était une *capitis deminutio* par assimilation, une *capitis deminutio* imparfaite. Cette application imparfaite d'une institution primitive aux femmes n'a rien de bien étonnant, le droit romain primitif étant fait en vue des citoyens, tout le droit étant inspiré par des vues politiques, devait être établi en vue de ceux qui ont des droits politiques. Que si l'on s'étonnait de cette explication, nous répondrions que, de l'avis de tous, l'affranchissement *censu* s'applique aux femmes esclaves et cependant il ne peut pas s'appliquer de même, puisque on ne peut inscrire la femme au rang des citoyens ; il y a dans les deux cas l'application imparfaite à la femme d'une institution qui n'était créée que pour l'homme.

b. — **Des fils de famille.** — Le système adopté serait exposé à une objection beaucoup plus grave, si l'on pouvait démontrer que les fils de famille n'avaient pas de chapitre spécial, car il est certain qu'ils subissent la *capitis deminutio* absolument comme les pères de famille, peut-être même plus souvent.

Mais quoi qu'on ait affirmé le contraire, rien ne prouve que le fils de famille n'eût pas un chapitre spécial.

Le fils de famille occupe dans la cité une place égale à celle de son père ; il est citoyen tout comme lui et au même titre que lui ; pourquoi donc ne figurerait-il pas comme lui, avec un rang égal, sur la liste des citoyens, sur la liste du cens, qui ne s'occupe pas du tout de la situation dans la famille ?

Il doit le service militaire comme lui, il est électeur comme lui et peut, comme lui, arriver aux honneurs. Comment ne figurerait-il pas au même rang sur les listes militaires et sur les listes électorales ?

On veut qu'il figure secondairement dans le chapitre du père, cela n'a aucune raison d'être, quand il s'agit d'établir sa situation, non pas vis à vis du père, mais vis à vis de la cité, à l'égard de laquelle il se présente avec des droits égaux.

Il est certain, au surplus, que les tables du cens étaient rédigées avec un certain ordre ; quel pouvait être cet ordre ? Evidemment un ordre conforme à la répartition en classes et en centuries.

Deux observations le prouvent :

D'abord les centuries ne votaient pas toutes ensemble, mais successivement ; chacun votait à haute voix à l'appel de son nom (Tit.-Liv., I, 43. — Cic., *de finibus*, III, 15, 16.), et, comme il est tout à fait invraisemblable de croire que le lecteur devait feuilleter tout le registre depuis le premier *volu-*

men jusqu'au dernier, et recommencer à chaque centurie, ce qui aurait été nécessaire si, sur les registres, les centuries avaient été mêlées, il faut en conclure que les registres étaient tenus par centurie. Or, très souvent, le père et le fils n'appartenaient pas à la même centurie : très souvent l'un sera *senior*, et l'autre *junior ;* il appartiennent donc à deux centuries différentes de la même classe, donc le nom du fils n'était pas à côté de celui du père sur les registres.

Une conclusion identique se tire des convocations militaires. Le père est *senior,* il fait partie des troupes sédentaires, le fils *junior* fait, au contraire, partie, suivant l'expression moderne, de l'armée active chargée des expéditions (Tit.-Liv., I, 43.); ils appartiennent donc, non seulement à des centuries différentes, mais encore à des armées différentes. Il est possible que l'une soit convoquée sans que l'autre le soit, et si toute l'armée est convoquée, le père et le fils sont convoqués dans des lieux différents, parce que chacun va rejoindre sa centurie; l'appel se fait en chaque centurie, c'est là le seul moyen de constater rapidement la présence de chacun ; chaque centurion a la liste de sa centurie ; or, n'est-il pas très vraisemblable d'admettre que la liste du cens, qui est instituée surtout en vue des convocations militaires, est conforme aux listes des centuries ; donc le père et le fils qui ne font pas partie de la même centurie sont inscrits à des chapitres différents sur la liste du cens.

Il ne faudrait pas objecter que le classement du fils au livre du cens était impossible parce qu'il n'avait pas de patrimoine : il n'est pas douteux qu'il figurait sur le cens (Tit.-Liv., I, 43) ; probablement il était classé d'après la fortune du père ; c'était une des applications les plus intéressantes de la copropriété familiale.

On comprend très bien ainsi, comme nous le disions plus haut, que Tite-Live puisse donner le nombre des citoyens (80.000 ; — Tit.-Liv. I. 44). Il y en a autant que de chapitres, c'est la manière la plus pratique de faire un dénombrement.

On peut donc tenir pour infiniment probable, sinon pour démontré, que le fils de famille avait son chapitre à part ; dès lors le retranchement de chapitre, la *capitis deminutio*, se comprend aussi bien pour le fils que pour le père.

Voilà la *capitis deminutio* à l'origine ; mais le cens ne se perpétua pas toujours à Rome : il disparaît sous l'empire, sous Vespasien. En 73, eut lieu l'avant-dernier ; sous Decius, en 250, le dernier ; déjà antérieurement, sans doute, il avait perdu sa signification ; ainsi l'expression *capitis deminutio* ne peut plus garder sa signification primitive : elle en prend une nouvelle ; c'est avec cette signification nouvelle qu'elle est habituellement employée par les jurisconsultes de l'époque classique.

CHAPITRE TROISIÈME

DE LA *capitis deminutio* DANS SA DEUXIÈME FORME

Les citoyens étaient désignés sur les registres du cens par leur nom ; or, le nom comprend au moins deux mots dont l'un est le nom de famille (1).

Donc le cens qui constate la qualité de citoyen, qui constate par là même la qualité d'homme libre, constate aussi la famille de chacun. En un mot, le cens constate ce que nous appelons l'état de chaque citoyen.

De même que le retranchement du chapitre s'était identifié avec le retranchement de la personne, du citoyen, de même il s'identifia avec le retranchement de l'état ; *capitis deminutio* devint synonyme de *status mutatio* (2), et quand le fait matériel qui constituait l'unité des trois *capitis deminutiones* disparaît avec le cens, ou même avant peut-être, perd toute signification, alors la *capitis deminutio* n'a plus d'autre traduction que celle de *status mutatio ;* alors ainsi peut naître comme nous l'avons montré la distinction entre les trois *capitis deminutiones.*

Ceci nous amène à donner quelques développements sur le *status* romain et sur les trois *capitis deminutiones.*

(1) Il y a souvent un troisième celui de la *gens* et quelquefois un surnom, sans compter les noms adjoints par suite d'adoption.

(2) Aujourd'hui encore, on identifie très souvent le titre avec le droit qu'il constate, on dit : j'ai perdu ma créance, pour dire j'ai perdu l'acte qui la constatait. Cela est vrai, même au point de vue juridique, quand il s'agit de titres au porteur : être possessenr de titres au porteur vous rend aussi réellement maître du droit, au point de vue de l'article 2279, que s'il s'agissait d'un meuble corporel que l'on détînt.

SECTION PREMIÈRE

DU *Status*

Les Allemands discutent beaucoup sur le sens du mot *Status*; suivant nous ces discussions ne peuvent aboutir; autant les Romains sont précis dans leurs renseignements pratiques, autant ils sont vagues et incertains, quand il s'agit d'une idée abstraite et théorique. Il est donc inutile de leur demander une définition précise qu'ils n'ont pas donnée (1).

Prenant donc simplement ce mot avec la signification communément adoptée par les modernes : « manière d'être en vertu de laquelle un homme à certains droits » (Savigny, *op. cit.*, nº 424), nous demanderons à Paul ce que, pratiquement, comprenait l'état d'un Romain,

Paul, dans la loi (II D. *de cap. min.*, 4, 5), ramène à trois les éléments de l'état : « *Tria enim sunt, quæ habemus, libertatem, civitatem, familiam,* »

La liberté.— C'est le premier élément sans lequel on ne peut avoir aucun des deux autres. Les esclaves n'ont donc aucun état; tout homme libre, au contraire, quel qu'il soit, citoyen, Latin, pérégrin même *deditice,* en a un; nous ne parlons pas des barbares, on sait qu'ils ne comptent pas au point de vue des Romains.

La cité. — C'est le droit de cité romaine, la participation au culte des dieux de Rome; pour les Romains, ce mot employé seul ne peut avoir d'autre sens, absolument comme *urbs* désigne Rome.

Enfin **la famille.** — Avoir une famille à Rome, c'est anciennement prendre part aux cérémonies d'un culte privé, reconnu par les pontifes romains. Ou, ce qui revient au

(1) C'est à cause du vague dn mot *status* que Paul ne l'emploie pas (L. II, D. N. t).

même, mais sous une forme moins archaïque, c'est le fait d'avoir des agnats ou l'aptitude à en avoir.

Le mot *familia* employé seul désigne, en effet, la réunion des individus liés par l'agnation, c'est ce que veut dire Ulpien lorsque dans la (L. 195, § 2, D. *de Verb. sign.*50-16), il écrit que telle est la famille, *communi jure*, et cela par opposition aux sens spéciaux que peut avoir ce mot.

Nous avons ajouté : ou l'aptitude à avoir des agnats, parce qu'il y a des citoyens romains qui n'ont pas d'agnats, actuellement, mais qui sont considérés comme ayant une famille, parce qu'ils ont un culte et qu'ils n'ont, en quelque sorte, qu'à vouloir pour avoir des agnats. Tels sont l'affranchi, l'émancipé et tous ceux qui sont nés en dehors des *justæ nuptiæ*. Ils n'ont, en effet, qu'à contracter de justes noces ou a adopter et ils auront pour agnats leurs descendants réels ou fictifs ; si ce sont des femmes, elles n'ont qu'à se marier *cum in manum conventionem*, et il en sera de même ; non seulement elles auront pour agnats leurs descendants, mais encore tous les agnats de leur mari.

Ces éléments de l'état énumérés limitativement par Paul sont précisément ce que constatait l'inscription sur le cens (V. *supra*, p, 17), ce qui vient faire comprendre mieux encore et ce qui vient, en même temps, confirmer la synonymie des expressions « retranchement de chapitre et changement d'état », et par conséquent la modification qui s'est produite dans le sens de la locution « *capitis deminutio.* »

De cette énumération limitative du *status* il faut tirer les conclusions suivantes :

1° Ni le *jus originis*, ni le *jus domicilii*, ni *l'existimatio* ne comptent dans le *status* du citoyen romain.

Le *jus originis*, qu'on pourrait aussi appeler *jus municipis*, est une espèce de cité particulière que les citoyens romains peuvent avoir indépendamment de la cité romaine.

Cicéron y fait allusion lorsqu'il dit : *Ego, me hercule, et illi (Catoni), et « omnibus municipibus, duas esse censeo pa-*

« *trias, unam naturæ, alteram civitatis:* » (*De legibus*, II. 2).

Les citoyens romains qui ont ce droit de cité spécial, ce sont tous ceux qui appartiennent par leur origine (*natura*), c'est-à-dire par leur naissance, par la qualité de leur père ou de leur patron à une ville autre que Rome, comme Cicéron qui était originaire d'Arpinum (L. 1 et 2 D, *ad Municip.*, 50 1), ceux auxquels les magistrats d'une ville avaient reconnu cette cité inférieure par une espèce de naturalisation, *l'allectio* (L. 7 C, *de incol.*, 10-39.)

Les principales, sinon les seules conséquences véritablement certaines de cette deuxième cité, de cette cité inférieure des citoyens romains, étaient d'attribuer compétence aux magistrats municipaux dans les procès où ces citoyens étaient défendeurs, de soumettre ces mêmes citoyens aux charges municipales et de les rendre aptes aux honneurs municipaux (L. 29 D., *ad Municip.*, 50-1).

Le *jus originis* ne compte pas dans l'état parce que ce n'est là qu'une qualité secondaire, un *status non principalis*, dont il n'avait jamais été fait mention sur les registres du cens, dont la perte n'entraîne pas *capitis deminutio*.

Le domicile est, d'après la loi romaine comme d'après le Code civil (art. 102), au lieu ou le citoyen a son principal établissement (L. 7 C, *de Incol.*, 10-39) ; le *jus domicilii* n'a pas d'autres conséquences que le *jus originis* (L. 29 D, *ad Municip.*, 50-1). Tout Romain a un *jus domicilii*, mais rien ne prouve que cet élément tout à fait secondaire figurât sur le registre.

On appelle *existimatio* la dignité de l'homme dont les droits sont intacts et l'honneur sans tache « *dignitatis illesæ status legibus ac moribus comprobatus* » (L. 5, § 1 D. *de extraord. cogn.*, 50-13). *L'existimatio* est atteinte par l'exclusion du Sénat (§ 5, *Inst.*, *de cap. dem.*, 1-16), par les condamnations à certaines peines et par celles mêmes civiles qui entraînent l'infamie (L. 5, § 2 D, *eod.*) ; elle disparaît complètement avec la qualité d'homme libre, donc quelquefois par suite de la *capitis deminutio*. Aussi croyons-nous qu'on a soutenu à tort que l'infamie entraînait *capitis deminutio ;* d'ailleurs, s'il y avait eu *capitis deminutio* en cette hypothèse, c'eût été une *capitis deminutio media*, et il n'y aurait pas lieu de nous y arrêter.

2° Les Latins, les pérégrins et, en général, ceux qui n'ont pas la cité, n'ont pas d'état, ou si l'on préfère, leur état se résume en la liberté.

Tout le monde admet, en effet, qu'ils n'ont pas l'état complet : ils n'ont pas ce que nous avons appelé avec Paul la *familia*.

Mais ils n'ont même pas, suivant nous, le deuxième élément, la cité. Cela s'induit : 1° du texte de Paul, qui, en parlant de la perte de la cité, en général, sans préciser d'avantage, parle suivant l'usage, nécessairement, de la cité romaine et non d'un droit de cité quelconque ; 2° de ce qu'aucun texte du moins connu ne parle de l'état du pérégrin ni de la *capitis deminutio* qu'un pérégrin pourrait subir.

Il ne faudrait pas objecter que leur droit de cité spéciale étant pour les Latins et les pérégrins ce qu'est la cité romaine pour les citoyens, leur état doit, par analogie, comprendre ce droit de cité inférieure d'après la loi même de leur pays, loi que leur applique le législateur romain (Ulp. XX, 14); l'argument n'est pas décisif, car, ainsi que nous venons de le dire, de l'aveu de tous, les Latins et pérégrins n'ont pas cet élément particulier qu'on nomme la *familia;* or, leur loi propre peut bien aussi leur reconnaître un droit de famille (G. I, C § 55).

De tout ceci il résulte que même lorsque la *capitis deminutio* ayant cessé d'être le retranchement du chapitre du cens peut se concevoir pour les pérégrins et les Latins, elle ne peut être que *maxima* à leur égard ; — ce n'est que par un langage tout à fait impropre qu'on peut dire qu'ils subissent la *media*, et on pourrait aussi bien le dire de la *minima*.

SECTION DEUXIÈME

DE LA DIVISION TRIPARTITE DE LA *capitis deminutio*.

Paul nous fait connaître très nettement cette distinction dans la loi (11 D. N., t.), loi déjà citée et ainsi conçue : « *Capitis deminutiones tria genera sunt : maxima, media, minima; tria enim sunt, quæ habemus, libertatem, civitatem, familiam. Igitur, cum omnia hæc amittimus, hoc est, libertatem, et civitatem, et familiam, maximam esse capitis deminutionem : cum vero amittimus civitatem, libertatem retinemus, mediam esse capitis deminutionem : cum et libertas et civitas retinetur, familia tantum mutatur : minimam esse capitis deminutionem constat.* »

Ainsi, des trois éléments qui composent l'état d'un Romain, l'un, la liberté, ne peut pas être perdu sans que les deux autres ne le soient en même temps : on dit alors qu'il y a *capitis deminutio maxima* ; c'est ce qui arrive quand on encourt l'esclavage *jure civile* ou par la captivité. Le deuxième ne se perd jamais seul non plus, mais il n'entraîne perte que d'un autre élément, c'est la cité qui ne se perd pas sans la famille, et il y a alors *capitis deminutio media* ou *minor*. Il y a *capitis deminutio media* ou *minor* notamment quand il y a condamnation à l'interdiction de l'eau et du feu, aux travaux publics (§ 1, *Inst.*, 1-12), acquisition d'un autre droit de cité. Enfin le dernier peut se perdre seul : c'est la *minima capitis deminutio*. Les hypothèses de *minima capitis deminutio* sont développées dans la deuxième partie de ce travail. Mais il faut remarquer, ce qui sera démontré plus amplement par la suite : que cette troisième *capitis deminutio* n'emporte pas, comme les deux autres, nécessairement une déchéance ou tout au moins que cette déchéance est souvent suivie immédiatement, ou mieux, accompagnée d'une restitution plus ou moins complète ; ou, comme on a dit très heureusement, « si l'on peut, empruntant le langage très énergique de « Gaius (III, § 153), comparer assez exactement la *capitis demi-* « *nutio* MINIMA à la mort, il ne faut pas oublier que c'est une « mort souvent accompagnée d'une résurrection immédiate. » (Acc., I, p. 381, 1re édit.)

Cette division tripartite est classique; cependant certains textes n'indiquent que deux classes de *capitis deminutiones*. On range alors en une seule classe la *maxima* et la *media capitis deminutio* sous le nom de *majores* (G. C., I, § 163) ou sous celui de *magnæ capitis deminutiones* (L. 1, § 8, D, *ad. S. C.* Tertul, 38, 17, — Conf. (L. 5, § 3, *de extraord. cogn.*, 50, 13).

La *minima capitis deminutio* reste ce qu'elle est. Cette division n'aurait aucun intérêt pour nous s'il n'y avait là, comme nous l'avons montré, un souvenir assez significatif de l'époque ou la *capitis deminutio* était le retranchement du chapitre du cens. (V. *supra*, p. 16).

Au surplus la distinction des trois *capitis deminutiones* tout en rendant l'unité, si l'on peut dire, moins intense qu'à l'époque primitive, n'empêche pas que cette unité ne subsiste notamment au point de vue des effets. Si l'on a soin d'isoler la *capitis deminutio* du fait qui est la cause, quelle qu'elle soit, elle nous apparaîtra avec les mêmes effets, sauf des différences tout à fait secondaires. Cela du reste apparaîtra clairement dans la troisième partie (1).

Il résulte de ces développements, spécialement de l'origine de la *capitis deminutio*, comme il résultera de l'examen de ces effets, que la *capitis deminutio* est une institution de droit civil ; on ne le conteste guère pour la *minima* ; on le nie quelquefois pour les deux autres en s'appuyant sur cette idée, qui est loin d'être démontrée, que les Romains avaient

(1) A vrai dire nous ne comprendrions guère cette identité d'effets, ou, sous une autre forme, nous ne comprendrions guère les effets si étendus, même quant aux biens, de la *capitis deminutio minima*, simple changement de famille sans l'origine historique et commune des trois *capitis deminutiones*.

considéré comme une véritable *capitis deminutio*, même la perte de la liberté pour les pérégrins ou les Latins. Cette distinction nous paraît méconnaître l'unité de la *capitis deminutio;* nous ne comprenons guère une institution unique qui serait à la fois du droit civil et du droit des gens.

Non seulement la *capitis deminutio* est du droit civil, mais elle a quelque chose de particulièrement arbitraire, surtout si l'on envisage la *capitis deminutio minima*. Aussi elle se transforma profondément comme toutes les institutions arbitraires. On voit nettement apparaître dans sa réglementation les traces des trois législations primitives qui se sont en quelque manière superposées à Rome, le droit ancien, le droit prétorien, le droit impérial et spécialement le droit de Justinien.

L'originalité de cette institution aussi bien que sa très haute antiquité et ses transformations successives, rendent pleine de difficultés la reconstruction de la *capitis deminutio* dans sa forme primitive.

A cause de cette difficulté, il faut excuser les témérités et les hésitations de l'interprète, tout comme on pardonne quelques erreurs au géologue qui va chercher, dans des couches profondes la trace d'espèces aujourd'hui disparues, et qui essaye en tâtonnant de les reconstruire.

DEUXIÈME PARTIE

DES CAS DANS LESQUELS IL Y A *CAPITIS DEMINUTIO MINIMA*

Les cas de *capitis deminutio minima* sont assez nombreux, plus nombreux du moins que ceux de *capitis deminutio media* ou *maxima*. Procéder par énumération serait peu scientifique et peu sûr.

Peu scientifique, attendu que la science consiste beaucoup moins dans une collection de règles détachées, que dans la coordination de ces règles au moyen de principes qui les dominent.

Peu sûr, attendu que pour tel ou tel cas déterminé, pour le cas d'adrogation, par exemple, et en ce qui concerne les enfants en la puissance de l'adrogé, nous manquons de textes ou nous n'avons que des textes obscurs, desquels nous ne pouvons rien tirer si nous n'avons d'abord posé le principe, le critérium qui nous permette de dire à première vue : il y a dans telle hypothèse *capitis deminutio* ou il n'y a pas là *capitis deminutio*.

Malheureusement, trouver ce critérium n'est pas chose aisée ; pour le déterminer, il a fallu se fixer sur la notion intime de la *capitis deminutio* en général, et les controverses sommairement exposées sur ce premier point en ont engendré d'autres non moins vives et non moins célèbres sur le deuxième.

L'exposé de ces discussions et de l'opinion à laquelle nous nous arrêtons doit faire l'objet d'un premier chapitre.

Dans un deuxième, nous reprendrons un à un les actes qui emportent *capitis deminutio*.

CHAPITRE PREMIER

DISCUSSION SUR LE PRINCIPE D'APRÈS LEQUEL ON RECONNAIT QU'IL Y A OU QU'IL N'Y A PAS *capitis deminutio minima* ET CHOIX D'UN SYSTÈME.

Le § 3 *Inst. de cap. dem.* (I.-16). est ainsi conçu : « *Minima* « *capitis deminutio est, cum et civitas et libertas retinetur,* « *sed status hominis commutatur : quod accidit in his qui* « *cum sui juris fuerunt, cœperunt alieno juri subjecti esse* « *vel contra : veluti si filius familias a patre emancipatus* « *fuerit, est capite minutus.* »

Il y a *capitis deminutio minima*, lorsque l'état d'un homme est changé sans que la liberté ni la cité soient perdues ; c'est ce qui arrive quand un individu *sui juris* devient *alieni juris* ou réciproquement. Ainsi le fils de famille émancipé par son père subit une *capitis deminutio.*

Lorsqu'on étudie seulement la deuxième phrase de ce paragraphe depuis ces mots : « *quod accidit....* », on remarque bien vite que, s'il est vrai, en général, que toute personne, qui de *sui juris* devient *alieni juris* et réciproquement, subisse une *capitis deminutio*, il ne faudrait pas croire qu'il y a là une règle absolue ; en effet :

1° Il y a certainement des faits juridiques qui entraînent *capitis deminutio minima*, bien que celui qui en est l'objet ne soit pas devenu d'*alieni juris*, *sui juris*, ni, à l'inverse, de *sui juris*, *alieni juris ;* c'est ce qui arrive au cas d'adoption, dans le cas où une fille de famille tombe *in manum*, l'adopté et la fille de famille restent *alieni juris* comme ils l'étaient avant l'adoption ou la *manus*, et cependant ils sont *capite minuti* (G. C., I, § 162 — Ulp., XI, § 13). — V. ce qui sera dit *infra*, de la *manus*).

2° Une personne *alieni juris* peut certainement aussi devenir *sui juris* sans subir une *capitis deminutio*, c'est ce qui arrive toutes les fois que les enfants ou petits-enfants en puissance deviennent *sui juris* par la mort du *paterfamilias* (pr. *Inst., quib. mod. jus pot. solv.*, I. 12), par la servitude que celui-ci encourt au moins *jure civili* (§ 3, *Inst. eod.*) ou par la perte qu'il fait de la cité (§ 1, *Inst. eod.*).

Cette remarque dont nul ne contestera l'exactitude étant faite, venons au commentaire général du texte.

Il y a *capitis deminutio minima* lorsqu'il y a changement de *status*, mais sans perte de la liberté ni de la cité.

Si, comme nous l'avons démontré dans la première partie, le *status* ou l'état d'un citoyen se compose de trois éléments, la liberté, la cité et la famille, puisque la *capitis deminutio minima* modifie le *status* sans toucher aux deux premiers éléments, c'est qu'elle modifie la famille.

Cette conjecture, déjà très vraisemblable par elle-même, est appuyée par l'exemple que Justinien nous donne d'une *capitis deminutio minima*, au cas où un fils de famille change de famille par émancipation (1).

L'idée d'Ulpien semble identique à celle de Justinien (*Règl.*, XV, § 13) : « *Minima capitis deminutio est, per quam et civitate et* « *libertate salva status duntaxat hominis mutatur : quod fit adop-* « *tione et in manum conventione.* »

Ici *status* est sans doute pris dans un sens un peu spécial et vise sans doute l'état privé de l'homme par opposition à ce que M. de Savigny appelle « *status publicus* » ; il ne semble pas, d'ailleurs, qu'il y ait de doute sur la pensée d'Ulpien, il cite aussi comme exemple de *capitis deminutio* des changements de famille.

(1) On a dit que cet exemple manquait en quelques manuscrits, nous ne pouvons le constater : nous adoptons la lecture commune.

Nous n'insisterons pas sur d'autres textes de Gaius, (C. I., §162 — L. I. D. n. t.), et d'Ulpien (L. I. § 8 D; *ad S. C. Tertull.*, 38-17), qui éveillent tous la même idée.

Paul en plusieurs passages est encore plus explicite.

(L. II. D. N. t.) « *Cum et libertas et civitas retinetur*, fa-
« milia *tantum mutatur : minimam esse capitis deminutionem*
« *constat.* »

(L. 3 pr. D. *eod. tit.*) « *Liberos, qui adrogatum patrem se-*
« *quuntur, placet minui caput, cum in aliena potestate sint*
« *et cum* familiam *mutaverint.* »

(L. 7 pr. D. *eod. tit.*, « *Tutelas etiam non amittit capitis*
« *minutio : exceptis his., quœ in jure alieno personis positis*
« *deferuntur, igitur testamento dati... Sed legitimæ tutelæ ex*
« *Duodecim Tabulis intervertuntur, eadem ratione, qua et*
« *hereditates ex inde legitimæ: quia adgnatis deferuntur, qui*
« *desinunt esse* familia *mutati.* »

La famille ici doit être prise comme la réunion des agnats; c'est le sens habituel de cette expression (L. 195, § 1 D. *de verb. signi.*, 50-16). Mais nous croyons que pour les Romains, l'agnation étant le principal rapport de famille, la rupture de ce lien entraîne la rupture de tous les autres, rapports civils de famille aussi bien du lien de gentilité qui unit deux citoyens et des conséquences de ces liens, tutelle, succession, etc., que du lien de puissance qui naît lorsque le lien d'agnation existe en ligne directe ; il n'y a donc pas, suivant nous, à distinguer trois systèmes de *capitis deminutio minima*, suivant que ce serait un lien de dépendance, un lien d'agnation ou l'ensemble des rapports de famille qui seraient affectés (Sav., *op. cit.*, p. 443 f.)

On pouvait croire qu'en présence de l'accord qui semble exister entre les jurisconsultes romains, aucune difficulté n'était possible ; cependant il s'est élevé sur la notion de la *capitis deminutio minima* une des discussions les plus célèbres entre les interprètes du droit romain.

Il ne pouvait en être autrement : dans le système que nous

venons d'exposer, en effet, il y a *capitis deminutio* du moment qu'il y a changement de famille, sans qu'on s'inquiète du point de savoir si ce changement est *in deterius* ou non; par exemple, pour les enfants de l'adrogé, pour la fille de famille qui tombe *in manum* au moins par *usus* ou *confarreatio*. Or, on se rappelle que M. de Savigny a présenté la *capitis deminutio*, en général, comme un changement d'état emportant dégradation par rapport à la capacité et qu'il présente son système comme une simple présomption qui doit être appuyée ou plutôt transformée en vérité démontrée par l'examen des cas de *capitis deminutio* (Sav., *op. cit.*, p. 61, V. *supra*); autrement dit, il faut, pour que le système général sur la *capitis deminutio* soit démontré, que M. de Savigny établisse préalablement et directement que la *capitis deminutio minima* est comme les deux autres un changement d'état emportant « *dégradation* » en ce qui touche la capacité (1).

Comment fait-il cette preuve?

Il ne peut d'abord s'appuyer sur les textes généraux des jurisconsultes romains, et il le reconnaît bien. Ces textes, ou le contredisent formellement, ou, c'est du moins l'opinion de M. de Savigny, laissent la question indécise.

Ceux qui contredisent formellement M. de Savigny, ce sont tous ceux qui parlent de *mutatio familiæ;* ceux qui, laissant la question indécise, permettent à M. de Savigny de présenter son système, ce sont ceux qui disent *mutatio status*.

L'auteur reconnaît, disons-nous, qu'il est contredit par les premiers, puisque, pour les combattre, il remarque seulement que tous ces textes émanent du même jurisconsulte Paul et en conclut que ce jurisconsulte avait une théorie particulière sur la *minima capitis deminutio* (2).

(1). L'influence de la solution de cette question sur la solution à donner pour celle traitée dans la première partie, est un premier intérêt de la discussion; le chapitre 2 de cette deuxième partie fera connaître d'autres intérêts.

(2). Paul lui-même emploie, au moins une fois, l'expression *status mutatio* (*Sent.*, 3. 6, § 29).

Il reconnaît également que les autres textes ne lui offrent pas d'appui, puisqu'il écrit : « On doit adopter la « définition de Gaius et d'Ulpien, mais en la complétant de « la manière suivante. On appelle *minima capitis deminutio* « tout changement du *status* privé, des rapports de famille » (ce sont les termes des jurisconsultes) « qui entraîne une di- « minution de la capacité de droit » (1). Voilà le complément que M. de Savigny juge nécessaire ; mais ce complément renferme toute sa théorie dont il n'y avait nulle trace dans la définition générale du jurisconsulte ; cette addition aux textes du jurisconsulte est déjà, il nous semble, une assez mauvaise note pour le système de M. de Savigny ; c'est distinguer entre les *status mutationes*, là où les jurisconsultes n'avaient pas distingué : *ubi lex non distinguit nec distinguere debemus*. Mais passons et suivons M. de Savigny : de son propre aveu, donc ces deux points sont à démontrer : 1° que Paul avait une opinion particulière, et 2° qu'il faut compléter la définition du jurisconsulte en indiquant l'idée d'une dégradation. Les deux attaques sont, du reste, menées de front.

1° Arg. — Le savant professeur reproche d'abord à la doctrine de Paul, qui, suivant nous et suivant l'opinion commune, est la doctrine de tous les jurisconsultes romains, de donner au mot *caput*, dans l'expression *capitis deminutio*, le sens de lien de famille ou, comme synonyme de *status*, le sens de capacité de droit, deux traductions qui ne répondent, dit-il, à aucune des significations connues de ce mot, qui, suivant lui, doit être pris comme signifiant chapitre du cens.

Il a été déjà répondu à cette objection ; non, nous ne croyons pas que *caput* exprime directement les rapports de famille,

(1). Nous ne croyons pas, à raison de ce passage même, qu'il soit exact de dire que M. de Savigny traduit *status* par capacité de droit; *status*, pour lui, c'est tantôt l'ensemble des rapports de droit public. *Status publicus*, ce serait là le sens habituel, tantôt l'ensemble des rapports de famille, *status privatus* (Sav., *op. cit.*, p. 443). C'est ainsi qu'il explique la loi I, § 8. D, 38 17 *ad S. C. Tertul*, où la *capitis deminutio minima* est définie, *capitis deminutio salvo statu contingens*. *Status* dans ce texte signifierait *status publicus*.

ni l'état d'où dérive la capacité, nous croyons, comme M. de Savigny, que, dans l'expression *capitis deminutio, caput* désigne originairement le chapitre du cens ; mais nous ajoutons: avec le temps cette signification a changé ; on a appelé du nom de *caput* l'état, parce qu'il était constaté par le chapitre du cens, parce qu'il se perdait avec le retranchement de chapitre, et nous avons appuyé cette idée de la transformation de la signification du mot *caput :* 1° sur ce fait que le cens ayant disparu, la *capitis deminutio* ne pouvait que cesser d'exister ou se transformer ; 2° sur la synonymie qu'établissent les jurisconsultes entre le mot *status* et celui de *caput*, quand ils disent *capitis deminutio est status mutatio.*

2° Arg. — L'opinion de Paul est, suivant M. de Savigny, absolument illogique. Les deux premières, *capitis deminutiones* emportant certainement dégradation, amoindrissement de la capacité, il n'est pas possible que la *capitis deminutio minima*, qui n'est qu'une branche de la même institution, ne renferme pas aussi la même idée, qu'on fasse rentrer dans l'idée de *capitis deminutio* même des cas où la situation est améliorée ; cet argument est à double fin, il tend à prouver que la doctrine de Paul n'était pas celle des jurisconsultes romains et en même temps que toute *capitis deminutio*, même *minima*, entraîne dégradation.

Nous ne répondrons pas que la perte des droits éventuels de succession constitue une diminution de capacité. M. de Savigny a raison de ne pas voir, dans la vocation héréditaire, une capacité.

Nous répondrons plutôt, que la perte des liens d'agnation, des liens de famille en général, constitue, non pas une diminution de capacité, mais, au point de vue de la famille que l'on quitte, une perte, un retranchement qui satisfait suffisamment à l'idée de la *capitis deminutio*. M. de Savigny ne peut, en effet, soutenir qu'il faut une diminution de capacité ; car la diminution de capacité n'est dans les deux grandes *capitis deminutiones*, qu'une conséquence du changement d'état, c'est ce changement d'état, il ne faut pas l'oublier, qui constitue la *capitis deminutio*.

3° Arg. — Un argument plus embarrassant est tiré de la loi (3, pr., et § 1, D. N. t.), ainsi conçu : « *Liberos qui adro-* « *gatum parentem sequuntur placet minui caput* (*alias capite*). « *Emancipato filio et cœteris personis capitis minutio mani-* « *festo accidit : cum emancipari nemo possit, nisi in imaginariam* « *servilem causam deductus.* »

Ainsi, dit M. de Savigny, Paul pense qu'il y a *capitis deminutio* pour les enfants de l'adrogé (*placet minui caput*). Mais ce mot *placet* indique généralement l'opinion adoptée par un jurisconsulte, dans une discussion ; donc, c'est d'après l'opinion à laquelle Paul s'arrête, contrairement à celle des autres jurisconsultes, que les enfants de l'adrogé subissent la *capitis deminutio*. On pourrait, il est vrai, souvent hésiter à attacher cette importance capitale à l'emploi d'un mot, mais ici cet emploi est fort remarquable, attendu que *placet* est mis en opposition avec l'expression *manifesto accidit*, et fait bien ressortir, par conséquent, la différence qu'il y avait entre le cas des enfants de l'adrogé et les cas certains ; donc *placet* exprime bien l'opinion personnelle de Paul. De plus, la fin du texte contient une allusion évidente à la doctrine qui, suivant M. de Savigny, est la doctrine générale. Paul indiquant que si l'accord est si complet sur le cas de l'émancipation, c'est parce que l'émancipé passe par le *mancipium*, c'est-à-dire a été un moment dans une condition *deterior*, il ne s'appuie pas sur l'idée qu'il y avait un changement de famille ; ce texte est encore, on le voit, une arme à deux tranchants.

Il est, au premier abord, un peu embarrassant, mais plus embarrassant que concluant, en faveur de M. de Savigny.

Voici l'explication qui nous paraît la plus plausible : il y avait eu quelque hésitation sur le cas des enfants de l'adrogé, mais non pas précisément une controverse : ces hésitations se comprenaient, du reste, puisque les enfants restent *in aliena potestate*, et que leurs liens d'agnation ne sont pas précisément rompus, au moins pas tous rompus, puisqu'ils restent agnats de leur père, agnats entre eux, agnats avec leurs enfants et neveux. Après hésitation, on avait fini par s'arrêter à cette idée : qu'il y avait *capitis deminutio minima*, parce qu'il y avait en somme changement de famille ; le mot *placet* n'indique pas autre chose qu'une décision prise avec hésitation, après réflexion, il n'indique pas une controverse que Paul ne manquerait pas de rappeler, et dont nous trouverions d'autres traces que ce texte unique, si elle avait réellement existé. Enfin, s'il s'agissait d'une opinion personnelle, Paul dirait « *mihi placet* », et non pas seulement *placet*.

Quant à l'opposition avec l'émancipation, elle signifie simplement que, pour l'émancipation il n'y avait jamais eu de doute, parce qu'en plus du motif qu'il y a dans le premier cas, il y en avait un autre : le passage par le *mancipium* ;

4° Arg. — Enfin, M. de Savigny reproche encore à la doctrine de Paul de n'être pas d'accord avec des textes qui nient l'existence de la *capitis deminutio*, en deux cas où, d'après cette doctrine, il devrait, au contraire, y avoir *capitis deminutio minima*.

Le premier cas est celui de la Vestale, à la condition de laquelle fait allusion le passage suivant d'Aulu-Gelle (*Nuits attiques*, I. 12, §§ 9 et 18), « *Virgo autem Vestalis simul est* « *capta... eo statim tempore sine emancipatione aut sine capitis* « *deminutione e patris potestate exit et jus testamenti faciendi* « *adipiscitur. — Prœterea in commentariis Labeonis quœ ad* « *XII Tabularum composuit ita scriptum est : Virgo Vestalis* « *neque heres est cuiquam intestato neque intestato quisquam :* « *sed bona ejus in publicum redigi ajunt.* »

Aussi, la Vestale sort de la puissance paternelle, elle perd tout droit de succession *ab intestat*, et ses héritiers *ab intestat* perdent tout droit sur sa succession ; de plus, nous savons, par Gaius (C. I, § 145), qu'elle était exempte de la tutelle des agnats ou des *gentiles*, et cependant, elle ne subit pas de *capitis deminutio*, le texte le dit aussi nettement que possible; donc ni la rupture de la puissance paternelle, ni la rupture des liens d'agnation, car « la continuation de l'agnation, le droit de succéder et la tutelle une fois éteints, n'aurait eu aucun sens pratique..... » ne sont les faits constitutifs de la *capitis deminutio*, et, par conséquent, les systèmes qui s'appuient sur le texte de Paul, sont faux.

De même le *flamen dialis* ne subit aucune *capitis deminutio* (G. III, § 114. — Arg. de la loi 3 § 4 D. *de S. C. Maced.* 14-6) et cependant il sort de la puissance paternelle (G. *eod* et I, § 130 C. Ulp. X, § 5, — Tacite, d. *Ann.* 4. 16) et sans doute aussi le lien avec ses agnats est rompu, car on ne comprendrait guère que le lien d'agnation subsistât avec son père, le lien de puissance étant rompu, ni que le lien d'agnation fût rompu avec le père sans l'être avec les autres agnats; donc ni la rupture de la puissance paternelle ni la rupture des liens d'agnation ne sont des faits constitutifs de la *capitis deminutio*. Tel est le raisonnement de M. de Savigny.

Nous concédons que la Vestale et le *flamen* de Jupiter sortent de la puissance paternelle et que ni l'un ni l'autre ne subissent de *capitis deminutio*, bien que cela ne soit pas dit très-clairement pour le *flamen* (L. 3, § 4, D, 14-6), mais nous croyons voir là une double exception qu'explique une raison commune.

Nous sommes en matière exceptionnelle: ces deux dignités étaient, on le sait, les seules qui, à l'époque classique, dissolvaient la puissance paternelle.

Ces décisions s'expliquent très probablement à raison: 1° de l'indépendance qu'exigeait la dignité de ces sacerdoces, et 2° de l'honneur que l'on voulait faire à ceux qui en étaient revêtus, c'est ainsi qu'au paragraphe 145, C. I, Gaius explique l'exonération de la tutelle des femmes pour les Vestales. C'est ainsi que plus tard se sont expliquées d'autres exonérations de la puissance paternelle (§ 4, *Inst.*, 1. 12, — L. 5 C. 12-3.) Etant donné ce motif il eût paru étrange que la disparition de la puissance paternelle pût se retourner contre eux en entraînant *capitis deminutio*, on veut que ces personnes, la Vestale notamment, aient les avantages d'une *capitis deminutio* sans en avoir les inconvénients; c'est ce qui résulte du droit de tester qui leur est reconnu, bien que dans le droit ancien les femmes n'aient ce droit qu'après une *capitis deminutio* (Cic., top., 4. — Sav., *op. cit.*, 462 — G. C. I, § 115-a).

D'ailleurs, dans notre doctrine que nous croyons être celle de tous les jurisconsultes romains, comme celle de Paul, la rupture de la puissance paternelle ne suffit pas pour produire *capitis deminutio*, il faut rupture des liens d'agnation; or il ne me paraît pas démontré qu'ici le lien d'agnation fût rompu.

Pour le *flamen* de Jupiter d'abord on ne s'appuie sur aucun texte; on ne le soutient que par un raisonnement très contestable : parce que le père n'a plus la puissance, c'est qu'il n'est plus agnat; or le lien d'agnation ne peut-être rompu avec lui et maintenu à l'égard des autres.

Pourquoi donc le lien d'agnation n'existerait-il plus ?

Si, *honoris causa*, la puissance paternelle disparaît, ce n'est pas une raison pour que l'honneur se retourne contre le *flamen dialis*, rompe également le lien d'agnation ; il y a une première anomalie : rupture des liens de puissance en dehors des causes ordinaires; ce n'est pas un motif pour en supposer une deuxième, rupture de l'agnation également sans cause. Le patrice et l'évêque, au bas empire, conservent leur qualité d'agnat bien qu'exonérés de la puissance — donc le *flamen dialis* restait agnat de ses agnats, même de son père, — et la *capitis deminutio* ne devait pas avoir lieu; cependant on pouvait hésiter à cause de la rupture des liens de puissance paternelle. Voilà pourquoi Gaius signale le fait.

Pour la Vestale, il n'est pas dit non plus que le lien d'agnation soit rompu ; s'il l'était, Gaius aurait fondé sur ce motif la disparition de la tutelle ; mais il la fonde uniquement sur *l'honor* (§ 145, C, I) ; de même, au lieu de nous dire que les liens de succession sont rompus, il serait beaucoup plus simple de nous dire que c'est le lien d'agnation ; mais on ne nous le dit pas parce que ce n'est pas ; au lieu de cela Labéon ou Aulu-Gelle, peu importe, exprime son étonnement de cette séparation entre les droits d'agnation qui subsistent et le droit de succession qui disparaît « *id quod jure fiat quæritur.* » Nous savons bien qu'on rapporte ces derniers mots à l'attribution des biens à l'État, mais c'est purement hypothétique ; c'est même peu compréhensible, car, à l'époque d'Aulu-Gelle et même celle de Labéon, l'attribution des biens sans maître à l'État était déjà la règle. Or, le jurisconsulte se demande *id quod jure fiat et non fieret*, il ne parle que du droit de son temps.

Ainsi il n'y a pas *capitis deminutio* en ces deux cas, mais cela ne condamne pas notre doctrine, car rien ne prouve qu'il y ait rupture des biens d'agnation et changement de famille.

Au surplus, M. de Savigny sait bien que, même après son argumentation, la question n'est pas encore tranchée, car il renvoie pour le complément de cette démonstration à l'examen détaillé des cas de *capitis deminutio*. Mais il nous semble que loin de trouver, dans l'examen de ces cas, une nouvelle confirmation de son système, M. de Savigny s'y heurte à de nouvelles difficultés. Sans doute, c'est dans cette revue des hypothèses qu'il rencontre les cas déjà examinés de la Vestale, du *flamen* et des enfants de l'adrogé, mais ces espèces lui fournissent, nous venons de le dire, des arguments assez peu solides et, à côté de cela, il lui faut expliquer l'existence certainement incontestable et incontestée de la *capitis deminutio* dans un bon nombre d'hypothèses : émancipation, adoption, etc., uniquement par la forme employée pour produire l'effet juridique. Or, les effets de la *capitis deminutio*, même *minima*, sont très considérables ; que ces effets soient attachés à un événement important, après tout, et qui atteint le fond même du droit, la qualité de membre de telle ou telle famille, c'est d'une législation rigoureuse ; cependant cela se comprend. Mais que ces mêmes effets soient attachés à une pure forme qui n'intervient que pour produire l'effet juridique, par exemple au *mancipium*, qui a pour but de conduire à l'émancipation, c'eût été véritablement bien peu raisonnable. C'est à notre sens un des arguments les plus forts contre le système de M. de Savigny.

En un mot, pour nous résumer, la divergence d'opinions qu'on prétend découvrir entre Paul et les autres jurisconsultes nous paraît une pure hypothèse, et nous croyons que, pour tous, la *capitis deminutio minima* était un changement de famille, expression que l'on traduit également par *mutatio familiæ et mutatio status*. — Reste à tirer les conséquences de cette doctrine en énumérant les cas dans lesquels il y a *capitis deminutio*. Cette énumération appuyée sur des textes ne fera que confirmer l'opinion adoptée.

CHAPITRE DEUXIÈME

ÉNUMÉRATION DES CAS OU IL Y A *capitis deminutio minima.*

Nous avons songé d'abord, pour diminuer ce qu'il y a de fastidieux dans une énumération, à classer les cas de *capitis deminutio* suivant qu'il y a accord de tous les systèmes, désaccord ou doute ; mais cette méthode nous amenant à traiter en deux endroits différents de certains sujets comme l'adrogation et la *conventio in manum*, suivant que nous l'envisageons sous un point de vue ou sous un autre, nous nous sommes bornés à placer d'une manière générale d'abord les cas qui ne font pas de doute sans nous astreindre à une division rigoureuse.

1° **De la légitimation.** — Il faut comprendre sous cette expression deux ordres de faits :

a. — Ceux qui dans l'ancien droit faisaient acquérir à un père de famille la puissance paternelle dont jusqu'alors ses enfants étaient exempts : La *causæ probatio* (G. C. I, §§ 29 et 30. — Ulp. III, § 3) ; L'*erroris causæ probatio* (G. C. I, §§ 67 à 72), et la concession directe de la puissance paternelle faite expressément au pérégrin auquel le droit de cité est accordé (G. C. I, §§ 93 et 94).

b. — Les faits qui, au bas empire, produisaient une légitimation, non seulement au point de vue romain de la puissance paternelle, mais même au sens moderne : le mariage des père et mère d'un enfant naturel célébré postérieurement à la naissance de cet enfant (L. 5 C., *de nat lib.* 5, 27 — § 13 *Inst.*, *de Nupt.*, I-10) ; le rescrit du prince (*Nov.* 74, *cap.* 1 et 2) ;

enfin l'oblation à la curie (L. 3 C. *nat. lib.*, 5, 27 — § 13—*Inst.*, *de nupt.* I-12).

Dans tous ces cas, il y a *capitis deminutio minima* d'après les deux systèmes. Remarquons ici le langage de M. de Savigny. Il y a, dit-il, *capitis deminutio* parce que « il y a changement de « l'indépendance en dépendance » (p. 458, Sav., *Traité de droit romain*). N'est-ce pas reconnaître que la *capitis deminutio minima* réside dans le changement d'état lui-même et non dans le changement de capacité ; il reste toujours bien entendu que M. de Savigny exige un changement *in deterius*.

Parmi les faits qui produisent la légitimation il en est un cependant sur lequel il peut y avoir quelques doutes ; c'est l'oblation à la curie. Sans doute, l'enfant acquiert les droits à la succession de son père, tombe sous sa puissance, cesse d'être indépendant (§ 13, *Inst.*, *supra*), mais il n'entre pas précisément dans la famille du père auquel il n'emprunte pas ses liens d'agnation.

Il y a là des faits qui semblent s'exclure et qui nous rendent indécis sur l'application des principes. Probablement la *capitis deminutio minima* étant une institution qui dépérissait au bas empire, on ne songea même pas à se demander si cette institution nouvelle entraînait *capitis deminutio* ; tout naturellement on ne l'admettait pas. D'ailleurs, le législateur ayant statué spécialement sur la puissance paternelle, sur l'agnation, et sur les droits de succession, les principaux intérêts de la question disparaissaient (V. 3e partie).

2° **Mancipium.** — Il n'est pas douteux non plus que dans les deux systèmes le fils de famille émancipé ne subisse une *capitis deminutio minima* : dans le système de M. de Savigny, parce que le mancipé tombe d'un degré plus bas dans la dépendance domestique ; dans le système adopté, parce qu'il perd toute sa parenté civile. Cette règle s'applique, que le *mancipium* soit constitué comme puissance durable ou comme puissance provisoire, comme moyen pour arriver à un but juridique. Ceci est capital dans le système de M. de Savigny.

Les nouvelles mancipations du *mancipatus* ne constituent pas pour lui de nouvelles *capitis deminutiones*, parce qu'il ne change ni de condition ni d'agnats (Ulp., XI, § 5; — G. C. I, §§ 117 et 118 *a* ; — *non obstat*, § 162. V. *infra*. p. 52; — G. C. IV, § 38); de même point de *capitis deminutio* au moment où le *mancipium* est dissout.

3° **Conventio in manum.** — Dans notre système, on peut dire, dès à présent, que toute *conventio in manum* entraîne toujours *capitis deminutio* parce qu'il y a toujours changement de famille ; c'est ce que disent des textes nombreux, notamment Ulp., XI, § 13 : « *Minima capitis deminutio est per* « *quam, et civitate et libertate salva statùs duntaxat hominis* « *mutatur : quod fit adoptione et in manum conventione*, (*adde* « G., § 162, C. I, § 38, C. IV. — Tit.-Liv. 39 § 19). »

Dans le système opposé, il faut faire une série de distinctions, et ces distinctions condamnées par les textes que nous venons de citer, notamment par celui d'Ulpien, sont une nouvelle condamnation du système de M. de Savigny.

Si la *conventio in manum* atteint une femme auparavant *sui juris*, il y a, comme dans les cas d'adrogation et de légitimation, diminution de capacité, changement de l'indépendance en dépendance, donc *capitis deminutio*, quelle que soit l'origino do l'*in manum conventio : usus, confarreatio* ou *coemptio*.

Si la *conventio in manum* atteint une femme encore *in potestate patria*, il n'y a pas de *capitis deminutio* au moins si la *conventio* a lieu par *conferreatio* (1) ou par *usus*, car il n'y a à aucun point de vue dégradation pour la femme.

Si la *conventio in manum* a eu lieu par *coemptio*, M. de Savigny ne se prononce pas ; Gaius en effet nous apprend bien que la *coemptio* se faisait par une mancipation dont les paroles, différentes de celles employées pour la mancipation du

(1) On sait qu'un S. C., rendu sur la proposition de Maximus et de Tubéron, avait à peu près fait complétement disparaître la *manus ex confarreatione* (G. C. I, § 136).

fils, ne faisaient pas tomber la femme *in mancipio ;* mais ils ne nous dit pas si la femme passait ou non par une condition inférieure (G., C. I, § 113). Nous inclinons à penser que même dans le système de M. de Savigny il y aurait dû y avoir *capitis deminutio.*

Lorsque la femme sort de la *manus,* elle subit encore, suivant nous, une *capitis deminutio* parce qu'elle change de famille. Il n'en est pas de même dans le système opposé ; il n'y aura pas *capitis deminutio* quand la *manus* sera dissoute par *confarreatio*, attendu qu'à aucun point de vue la femme ne pourra être considérée comme étant passée par une condition inférieure au moment de la *confarreatio* ; que si c'est comme la puissance paternelle, par une mancipation suivie d'un affranchissement, on pourra hésiter sur le point de savoir si la femme aura subi une *capitis deminutio* parce que cette mancipation doit avoir le même caractère que la *coemptio* (G. C. I, § 137.)

Tout ce qui précède s'applique à la *manus* créée comme conséquence du mariage. Que s'il s'agit de la *manus* qu'un tiers quelconque peut acquérir sur une femme *sui juris*, il est certain que la femme qui y a été soumise subit une *capitis deminutio*, car jusqu'à Adrien les femmes ne se soumettaient à cette *manus* que pour acquérir la faculté de tester (G. C., I., § 115 *a*); or elles acquéraient cette capacité par une *minima capitis deminutio* (Cic. *Top.* 4; — Aulu-Gelle I. 12, § 9). Dans notre système il ne pouvait en être autrement parce que la femme a changé de famille.

Mais cela est important à noter au point de vue du système de M. de Savigny.

On sait, en effet, que la *manus* ne s'acquérait, en cette hypothèse que par la *coemptio* ; nous croyons qu'il faut admettre logiquement que la mancipation qui a pour but de faire sortir la femme de la *manus*, doit avoir le même caractère que celle employée pour la faire tomber en cette puissance ; donc cette deuxième mancipation ne pourrait pas produire de *capitis deminutio* si la première elle-même ne la produisait pas ; donc, si la femme après cette *manus* passagère a subi une *capitis deminutio*, c'est ou bien que la *coemptio* la produisait, ou bien que le système de M. de Savigny est faux (G. C., I, § 162; — § 3; *Inst.*, p. 1-16)

4° **Adrogation.** — Nulle difficulté en ce qui concerne l'adrogé lui-même, car il sort de sa famille de naissance pour passer en celle de l'adrogeant aux ancêtres duquel il doit désormais rendre un culte, et, d'autre part, « il perd la capacité « de droit attachée à l'indépendance » (Sav., *op. cit.*, p. 457).

Quant aux enfants de l'adrogé, les deux systèmes sont en désaccord. Dans le système que nous avons adopté, il y a *capitis deminutio* parce que les enfants changent de famille avec leur père ; dans le système opposé, il n'y a pas *capitis deminutio* parce que les enfants ne sont pas d'une condition inférieure et n'ont à aucun moment passé par une condition inférieure. S'il y avait des textes se prononçant sur cette question, par là l'un des deux systèmes serait condamné ; mais le seul texte qui la tranche est la loi (3 pr. et § 1, D. *n. t.*) Or ce texte, qui décide qu'il y a *capitis deminutio*, est au contraire invoqué par M. de Savigny comme exprimant une opinion personnelle au juriconsulte Paul (V. *supra*, p. 38).

Quelques auteurs qui adoptent le système de M. de Savigny expliquent autrement que lui le texte de Paul, et leur explication n'est pas sans intérêt, attendu qu'elle serait opposable même aux textes d'autres jurisconsultes statuant dans le même sens. Notamment Deister (*de civ. cogn.*, p. 41) explique cette *capitis deminutio* parce que le petit-fils est d'un degré plus loin de l'indépendance. A cela M. de Savigny répond avec raison que cela n'a aucun rapport à l'état actuel des enfants de l'adrogé et qu'il est d'ailleurs dans la nature que l'adrogeant meurt le premier et, par conséquent, qu'en fait comme en droit, les enfants de l'adrogé ne sont pas plus loin de l'indépendance (p. 457, note *a*).

On peut rapprocher de la situation des enfants de l'adrogé,

celle des enfants de l'individu légitimé ; nous croyons que la question est identique et doit recevoir la même solution.

5e **Émancipation.** — L'émancipation emporte sans aucun doute *capitis deminutio ;* les textes sont formels (L. 3 pr. et § I. D. *n. t.* — § 3 *Inst., n. t.* — Argt § 6, Inst., I-12 *quib. mod. ;* — G., C. I, § 132; — argt Cic. *Top.*, § 6); les deux systèmes doivent seulement expliquer cette *capitis deminutio.*

Rien n'est plus simple dans le système qui considère la *capitis deminutio* comme la perte des liens de famille : l'émancipation rompt, sans aucun doute, ces liens.

Dans le système de M. de Savigny, la *capitis deminutio* résulte uniquement de la forme employée pour arriver à l'émancipation ; elle ne peut, en effet, résulter d'un changement qui est tout à l'avantage de l'émancipé.

Il invoque en ce sens d'abord le texte de Paul (L. 3 pr. et § I, D. *n. t.*) déjà plusieurs fois cité et expliqué. Paul, en effet, donne comme cause de la *capitis deminutio,* de l'émancipation, l'*imaginaria servilis causa* du fils de famille. Mais M. de Savigny ne saurait se faire un argument de ce texte, attendu que pour Paul, certainement et, de l'aveu du professeur de Berlin, il y avait en même temps une autre cause de *capitis deminutio :* le changement de famille.

M. de Savigny oppose aussi le paragraphe 162, G. C. I, mais en le modifiant un peu, en l'expliquant de manière à y trouver une allusion aux formes de l'émancipation ; ce paragraphe est incomplet et trop obscur pour qu'on puisse en tirer un argument bien fort. En admettant même l'explication de M. de Savigny, on n'en peut pas conclure que Gaius eût une doctrine différente de celle de Paul qui s'exprime absolument de même, et on peut croire que Gaius admettait aussi un autre motif de *capitis deminutio.*

On peut le croire d'autant plus volontiers que sous Justinien il ne devrait plus y avoir, dans le système de M. de Savigny, aucune *capitis deminutio* par suite d'émancipation, puisque cette acte juridique se réalise par la déclaration devant le magistrat (§ 6, 2e phr. *Inst.* 1-12) et que ce prince déclare encore formellement qu'il y a *capitis deminutio* (§ 3, *Inst.* 1-16). M de Savigny aurait dû rendre raison de ce texte ; il ne paraît pas suffisant de dire que la fin du paragraphe 3 n'existe pas dans tous les manuscrits, d'autant plus que la version la plus probable est celle qui contient le paragraphe tout entier, attendu que les copistes retranchent plutôt qu'ils n'ajoutent.

6o **Adoption.** — L'adoption est essentiellement un changement de famille ; donc elle entraîne *capitis deminutio* (Argt G, C. II. § 138). Cependant la solution change sous Justinien au cas d'adoption *minus plena.*

On sait, en effet, que, pour éviter aux enfants adoptés d'être privés de toute succession, Justinien a décidé qu'en deux cas l'adoption ne produirait plus le changement de famille, mais donnerait seulement des droits à l'adopté sur la succession de l'adoptant.

Le premier cas est celui ou un *extraneus* adopte un enfant placé sous la puissance immédiate du *paterfamilias* ; — le deuxième, celui où l'adoptant, toujours *extraneus*, adopte un petit-enfant qui au moment de l'adoption a son père et son grand-père, mais dont le père vient à mourir avant le grand-père (§ 2, Inst., *de adopt.* 1-11 ; — L. 10, § 4 C. *de adopt.*, 8. 48) En ces deux cas il n'y a plus sous Justinien de *capitis deminutio minima*.

Dans le système de M. de Savigny, il y a quelques différences, il faut distinguer l'époque classique et le droit de Justinien.

A l'époque classique, l'adoption emporte *capitis deminutio*, non à raison de la nature de l'acte, mais à raison de la forme employée comme pour l'émancipation.

A l'époque de Justinien, il n'y aura plus de *capitis deminutio* dans aucun cas.

Il n'y a pas, pour les enfants de l'adopté, une question semblable à celle qui se pose pour les enfants de l'adrogé, attendu que les premiers restent en la puissance de leur aïeul (L. 40 pr., D. *de adopt.*, 1-7).

7° **De la consécration du Flamen et de la nomination des Vestales.** — (V. *supra*, p. 42 et s.) ;

8° **Interdiction du prodigue.** — Dans notre système, il est de toute évidence que le prodigue, auquel son interdiction n'enlève aucun droit de famille, n'est pas *capite minutus*; mais, dans le système de M. de Savigny, il semblerait assez logique que cette interdiction entraînât *capitis deminutio.*

En effet, il est très certain que la capacité juridique du prodigue est sensiblement amoindrie ; elle l'est beaucoup plus que celle de l'individu *sui juris*, qui tombe *in potestate patria;* il perd la faculté de faire tous les actes qui rendent sa condition pire, et, notamment, il perd la *testamenti factio* (Paul, III, 4 *a.*, § 7; — § 2, Inst. *quib., non est permiss., fac. test.*, 2-12. — Ulp., XX,) — (L. 18, D. *qui test. fac. poss.*, 28-I).

Il s'agit là d'une incapacité de droit, et non d'une incapacité de fait comme celle du fou. Cependant, aucun texte ne parle de *capitis deminutio ;* il faut donc en conclure que la *capitis deminutio* n'est pas une diminution de capacité. M. de Savigny prévoit l'objection et y répond, mais il ne nous semble pas le faire d'une manière satisfaisante : il remarque que le testament du prodigue n'est pas rompu (§ 2, Inst.; *eod.*, — Ulp. XXIII, §§ 4, 6.) Cela n'est pas douteux mais c'est une nouvelle preuve qu'il n'y a pas *capitis deminutio*, et rien de plus. Quant à dire qu'il s'agit ici d'une fiction de démence, que la *testamenti factio*, en droit, n'est pas retirée, mais qu'elle disparaît en fait, ce n'est pas prouver, et l'objection nous paraît demeurer entière.

9° **Infamie.** — L'infamie entraînant la perte de certains attributs de la qualité de citoyen, mais non de cette qualité elle-même, n'emporte donc pas *capitis deminutio ;* en tous cas, si elle l'entraînait, comme les liens de famille ne sont pas atteints, ce ne serait pas une *capitis deminutio minima ;* nous n'avons donc pas à nous en occuper davantage (Sav., *op. cit.*, p. 209).

TROISIÈME PARTIE

EFFETS DE LA *MINIMA CAPITIS DEMINUTIO*

De l'idée que nous avons donnée de la *capitis deminutio* primitive : à savoir que c'est, dans tous les cas, le retranchement d'un homme de la liste des citoyens, il résulte :

1° Que les effets des trois *capitis deminutiones* seront en principe identiques ;

2° Que, dans ces trois cas, les droits perdus seront tous les droits attachés à la qualité de citoyen, tous les droits civils.

Ce sont d'abord : *a.* — Les droits de famille, et nous comprenons dans cette expression, le culte, la puissance paternelle, l'agnation, la gentilité, par assimilation, les *jura patronatus* et les autres droits qui ne sont que des conséquences de ceux-ci, les droits de succession et ceux de tutelle.

Les droits de cette première classe sont irrévocablement perdus, car si le *capite minutus* recouvre quelquefois, et cela arrive quand la *capitis deminutio* est *minima*, des droits de famille ; ce sont d'autres droits de famille : le nouveau lien de puissance paternelle, d'agnation, etc,. qui existe ou peut exister, n'a rien de commun avec celui qui a été perdu.

Ce sont aussi : *b.* — Certains droits relatifs aux biens, qui sont considérés comme attachés à l'individu, qui pourraient être, dans un langage hardi, assimilés à des qualités de l'individu, qui sont des attributs, non du citoyen en général, mais des attributs de tel citoyen déterminé, comme l'usufruit et l'usage, les créances, le droit à l'instance dans les *judicæ legitima*, les effets des contrats formés *intuitu personæ.*

Ces droits disparaissent aussi complètement parce qu'en admettant que le *capite minutus* ait conservé l'aptitude à jouir de ces droits et cela arrive quand la *capitis deminutio* est *minima*, il n'est plus le même citoyen qui avait ces attributs, il est un homme nouveau ; cela est frappant dans le cas où il s'agit d'un émancipé, puisqu'on l'assimile à l'affranchi ; mais cela est vrai dans tous les cas.

Ce sont enfin : *c.* — Les droits qui appartiennent à tous les citoyens quels qu'ils soient et ne sont pas attachés à une personne déterminée, les droits publics et politiques (L. 5, §§ 2 et 6 D. *n. t.*), *jus suffragii*, *jus honorum*, *jus militiæ*, etc.

Ces droits disparaissent incontestablement dans les deux grandes *capitis deminutiones* ; logiquement ils ont dû aussi être considérés comme disparaissant un instant de raison dans la *capitis deminutio minima*, si le *capite minutus* est réellement retranché un instant de la liste des citoyens (1) ; mais ils lui sont rendus immédiatement, car ils appartiennent à tout citoyen parce qu'il est citoyen et indépendamment de son individualité ; mais, précisément parce qu'ils sont rendus toujours et immédiatement au cas de *capitis deminutio minima*, on a sans doute considéré de bonne heure qu'ils n'étaient pas perdus, et, pour ne pas briser l'unité de la *capitis deminutio*, on a rattaché à d'autres causes, dans les deux grandes *capitis deminutiones*, la perte de ces droits politiques. C'est cette théorie plus récente que seule nous trouvons dans les textes classiques.

Que reste-t-il donc au *capite minutus ?*

Les droits qu'il a plutôt en sa qualité d'homme qu'en sa qualité de membre de la cité.

(1) Nous avons dit que peut-être on n'avait jamais été jusque là ; peut-être n'a-t-on jamais tenu compte, au point de vue des droits politiques, du retranchement de chapitre qui, au cas de *capitis deminutio minima*, est un simple transfert.

Les liens de cognation, les liens qui existent entre *justi conjuges* (1), la propriété, la possession (2), certains droits *qui potius in facto quam in jure consistunt*, le droit d'habitation, le droit aux *operæ servi*, quelques obligations, *quæ naturalem habent prestationem*, comme les dettes alimentaires, les droits nés d'une instance qui ne constitue pas un *judicium legitimum.*

Telle est, il nous semble, la théorie générale qui, malgré quelques petites obscurités, se dégage des textes.

Les principaux de ces textes sont :

(L.8, D. *n. t.*): « *Eas obligationes, quæ naturalem prestationem habere intelliguntur, palam est capitis deminutione non perire : quia civilis ratio naturalia jura corrumpere non potest.....* »

De même et plus complètement le même Gaius, en son C. I., § 158, et Just. § 3, *Inst.* 1-15 « ..... *quia civilis ratio civilia* « *quidem jura corrumpere potest, naturalia vero non utique* » et la loi 10 *de Mod. D.*, à notre titre : « *legatum in annos sin-* « *gulos.... relictum.... capitis deminutione tamen interveniente,* « *perseverat : videlicet, quia tale legatum in facto potius,* « *quam in jure, consistit.* »

Les principes posés, il faut d'abord en suivre le développement ; il faut aussi montrer comment ces effets d'une institution arbitraire, hourtant parfois la justice, le préteur, puis Justinien avaient porté remède aux rigeurs du vieux droit civil.

(1) Ceci demandera quelques explications.

(2) Le fait juridique qui produit la *capitis deminutio* entraîne quelquefois non-extinction, mais transfert de la propriété.

CHAPITRE PREMIER

DROITS PERDUS PAR SUITE DE LA *capitis deminutio minima.*

SECTION PREMIÈRE

DES DROITS DE FAMILLE ET DE CEUX QUI S'Y RATTACHENT.

On peut dire d'une manière générale que tous les droits civils de famille sont perdus par suite de la *capitis deminutio.* Passons-les en revue.

I. — La *capitis deminutio minima* atteint à peu près toujours la puissance paternelle : au cas d'émancipation et souvent au cas de *conventio in manum*, elle la brise ; au cas de légitimation et d'adrogation, elle l'engendre ; au cas d'adoption et aux cas d'adrogation ou de légitimation pour les enfants de l'adrogé et de l'émancipé, elle en change le titulaire ; au cas de *mancipium*, elle en suspend l'exercice, et quelquefois même, elle en enlève la jouissance. — Le cas de *conventio in manum* d'une femme *sui juris* et le cas de sortie de la *manus* sont peut-être les seuls cas où la puissance paternelle n'est pas directement atteinte, encore la *manus*, son image, l'est-elle.

Les explications données sur ces différentes institutions justifient ces affirmations, et les textes antérieurement cités le prouvent.

a. — Lorsque la puissance paternelle est créée, ceux qui tombent sous cette puissance deviennent héritiers siens.

On dit alors qu'il y a agnation d'héritiers siens.

Cette agnation a deux conséquences qui doivent être étudiées :

1° Le testament antérieurement fait par le *paterfamilias* est rompu (§ 1, Inst., *quib. modis test. infirm.*, 2-17 ; — G. C. II, §§ 138 et 142).

Faut-il donc que le testateur refasse en tous cas son testament ? et n'a-t-il pu en aucune manière empêcher cette rupture ?

A l'origine, il n'y avait pas de remède, mais les empereurs, les jurisconsultes et le préteur en apportèrent.

L'empereur Adrien décida que le testament du *paterfamilias* ne serait plus rompu par l'*erroris causæ probatio*, lorsqu'elle n'a lieu qu'après la mort du père (G. C. II, § 143).

Cette décision s'imposait puisque le père ne peut plus refaire son testament ; le tort d'Adrien est de ne pas avoir étendu sa décision à tous les cas où le même motif existait. Les décisions des jurisconsultes visent également un cas particulier. Scœvola (L. 18, D. *injust. rupt.* 38-3), puis Papinien (L. 23, § 1 D. *de lib. et post.* 38-2) décident que l'adoption d'une personne déjà antérieurement instituée ne rompra plus le testament ; peut-être cette disposition doit-elle être étendue à tous les cas d'agnation d'héritiers siens ? Rien ne le prouve, rien ne le contredit. Certainement le préteur fit cette généralisation en accordant une *bonorum possessio secundum tabulas* à tout institué devenu postérieurement héritier sien (L. 3, § 11 D. *de bon. pos. sec. tab.*, 37-4), à la condition toutefois que le testament fût fait suivant la forme prétorienne. Le droit civil ne s'occupa pas du cas inverse où il y a agnation d'un *extraneus* exhérédé (L. 23 pr. D. *de lib. et post.*, 38-2) ; la raison en est facile à trouver, Il n'y avait pas lieu de protéger particulièrement ce testateur qui a, en somme, une conduite bizarre, puisque, d'une part, il témoigne de la bienveillance pour l'individu qu'il adroge ou adopte, tandis que de l'autre il manifeste un sentiment contraire en l'exhérédant. Une semblable espèce devait se présenter rarement. Au surplus, si elle se présentait, les principes du droit prétorien donnaient des solutions suffisamment satisfaisantes. Le testament restait rompu si, au moment de la mort du testateur, le nouveau fils de famille était en puissance ; mais le préteur accordait une *bonorum possessio secundum tabulas* à l'institué, si, au moment de la mort du testateur, l'adopté ou l'adrogé était déjà mort lui-même ou sorti de la puissance, en un mot, si pour une circonstance quelconque, il ne pouvait plus demander une *bonorum possessio contra tabulas* (L. 8 §§ 7 et 8, D. *de bon. poss. c. Tab.*, 38-4).

2° L'agnation d'un héritier sien a encore pour conséquence de faire concourir les nouveaux héritiers siens avec d'autres enfants héritiers siens en vertu de leur naissance, d'écarter complètement les agnats et aussi le patron, au cas où celui qui vient d'acquérir la puissance paternelle est un affranchi. Ce dernier résultat seul parut choquant aux Romains (§ 40 f., G. C. III). Aussi le préteur donna toujours au patron, en présence de ces héritiers, une *bonorum possessio dimidiæ partis* (§ 1 Inst., *de succ. lib.* 3, 8 ;—§ 41 G. C. III, —L. 3, § 12, D. *de bon libert.*, 38, 2). Tel est le principe ; ce n'est pas ici le lieu d'expliquer tout au long les règles fort compliquées de la succession des affranchis.

b. — Lorsque le *capite minutus* sort de la puissance paternelle, il se produit un résultat absolument contraire à celui que nous venons d'examiner, et ce résultat est beaucoup plus choquant. Qu'un cousin, qu'un frère même ou patron soit primé par des enfants adoptifs ; que des enfants suivant la nature souffrent du concours d'enfants adoptifs, cela peut être critiqué, toutefois il n'y a pas d'injustice flagrante ; mais que des enfants excluent leur frère uniquement parce qu'eux-mêmes sont restés en puissance, que des parents plus éloignés, des personnes qui, suivant la nature, n'ont aucun lien avec le défunt excluent ses propres enfants, voilà qui est profondément choquant. Voilà ce que les Romains ne pouvaient manquer de réformer dès qu'ils commenceraient à perdre de vue les principes arbitraires et faux qui avaient inspiré la législation primitive.

Ce sont les préteurs et les empereurs qui procédèrent à cette réforme.

Le préteur accorde à tous ceux qui sont sortis de la famille par *capitis deminutio minima* et qui sont *sui juris*, au moment de la mort de leur *paterfamilias*, une espèce de *restitutio in integrum*, très favorable en ce sens qu'elle est donnée de plein droit en vertu de l'édit et sans demande (L. 2, §§ 1 et 2 D. *n. t.*). Grâce à cette *restitutio in integrum* la *capitis deminutio* est réputée non avenue et l'émancipé a droit, suivant les cas, à une *bonorum possessio unde liberi* ou *contra tabulas* (§§ 9 et 10, Inst., *de Hered, quæ ab intest. defer.* 3-1).

En demandant, suivant les cas, l'une ou l'autre de ces *bonorum possessiones*, les enfants *capite minuti* concourent avec leurs frères restés en puissance et écartent tous autres héritiers. Seulement on sait que, s'ils concourent avec leurs frères restés en puissance, ils sont soumis à la *collatio bonorum*. C'est encore une matière que nous ne pouvons développer (D. 37-6 ; — C. 6-20).

On le voit, le préteur ne venait pas au secours de ceux qui, au moment de la mort de leur père naturel, étaient dans une famille adoptive, soit qu'ils eussent été directement donnés en adoption par leur père, soit que depuis leur émancipation ils se fussent donnés en adrogation ; cela se comprend parce que le préteur estimait qu'ils avaient acquis des droits dans la famille adoptive en compensation de ceux qu'ils avaient perdus dans la famille naturelle. Mais il avait eu tort de ne pas prévoir que ces enfants pourraient encore sortir de la puissance de l'adoptant après la mort de leur père naturel et être privés par suite de tous biens. C'est en prévision de l'un de ces cas que Justinien imagina l'adoption *minus plena*. En vertu de cette institution, ceux qui sont donnés en adoption par leur père ne perdent plus les droits à la succession de leur père naturel par suite de l'adoption, sauf en deux cas.

Quant à ceux qui, une fois émancipés, se sont donnés eux-mêmes en adrogation et qui sont encore au moment de la mort de leur père *in adoptiva familia*, nous croyons dans le silence des textes que, même sous Justinien, ils demeurent exclus. — C'était à eux à ne pas se donner en adrogation.

II et III. — **Rupture des liens d'agnation et de gentilité.** — Ce sont, en effet, des liens purement civils : rien ne s'opposait à ce que la *capitis deminutio* les dissolve.

La rupture de ces liens nous est affirmée par des textes nombreux.

Pour l'agnation : (Gaius, § 158, C. I, et les Inst., § 3 *de legit. agn. tut.*, 1-15) le premier développe lui-même son idée au point de vue de la *minima capitis deminutio* d'une façon très intéressante dans le paragraphe 163, C. I : « *Nec solum majo-* « *ribus diminutionibus jus agnationis corrumpitur, sed etiam* « *minima ; et ideo si ex duobus liberis alterum pater emancipa-* « *verit, post obitum ejus neuter alteri agnationis jure tutor esse* « *potest.* »

Quant à la gentilité, elle est sans aucun doute anéantie par la *capitis deminutio* quelle qu'elle soit ; c'est ce qui résulte d'une manière évidente du passage si souvent cité des *Topiques* de Cicéron, nº 6 : « *Gentiles sunt qui inter se eodem no-* « *mine sunt : Non satis est : qui ingenuis oriundi sunt. Ne id* « *quidem satis est : quorum majorum nemo servitutem servivit.* « *Abest etiam nunc : qui capite non sunt deminuti. Hoc fortasse* « *satis est.* »

Ainsi le droit des membres supérieurs de la *gens* s'éteint par leur propre *capitis deminutio*. — Mais il faut admettre que ce droit est rompu par la *capitis deminutio* du membre inférieur de la *gens*. Cela n'est pas douteux, si l'on considère la gentilité comme une agnation dont on aurait perdu, oublié le degré ; cela résulte non moins certainement de ce qui va être dit sur les *jura patronatus*, si on considère la gentilité comme la perpétuité des *jura patronatus* ; enfin, dans le troisième système qui voit dans la gentilité les traces d'une division politique et originaire en *gens*, on peut tirer argument d'analogie des décisions et sur l'agnation et sur les *jura patronatus*, attendu que ce lien politique sera au moins au même degré un lien civil.

IV. — **Extinction des** *jura patronatus*. — L'analogie très grande de ce lien avec l'agnation suffirait pour démontrer sa rupture par la *capitis deminutio* ; mais, de plus, Gaius le dit très formellement dans le paragraphe 51, C. III, et même il résulte de ce paragraphe que le *jus patronatus* disparaît, que ce soit le patron ou que ce soit l'affranchi qui ait subi une *capitis deminutio*. — Il ne faudrait pas objecter, d'ailleurs, que la *reverentia* de l'affranchi envers le patron survit à la *capitis deminutio* (L. 10, § 2 D. *de in jus. voc.*, 2-4), cela n'indique pas que le lien de parenté n'est pas rompu ; la *reverentia* peut être assimilée à ces rapports naturels qu'un fait civil ne peut briser.

Cette idée s'appuie sur l'analogie qui existe entre la *reverentia* de l'affranchi pour le patron et celle que le descendant doit à son ascendant ; or, celle-ci est bien considérée comme un rapport de droit naturel puisqu'elle existe même en dehors des *justæ nuptiæ* (L. 4, § 3 L. 6, D. *de in jus voc.*, 2, 4). Enfin, on peut encore tirer argument en ce sens des règles sur les dettes alimentaires, règles qui trouveront leur place plus loin ; tout ce que nous dirons des *jura patronatus* doit être étendu aux *quasi jura patronatus* qui appartiennent au *manumissor* de l'émancipé et à ses héritiers.

L'agnation, la gentilité, les rapports de patronat engendraient des droits de succession et de tutelle (pr. Inst. *De leg. agn. succ.* 3-2 ; — G. §§ 9, 12 et 40, C. III, — pr. Inst. ; *de succ. libert.* 3-7) ; le lien de parenté étant dissous par la *capitis deminutio*, ces droits de succession et de tutelle disparaissent également ; tel est le principe encore en vigueur à l'époque classique ; mais l'application de ce principe a reçu avec le temps plusieurs tempéraments qui demandent une étude spéciale.

a. — **Des droits de succession.** — La perte des droits de succession comme conséquence de la rupture de l'agnation et de la gentilité ne se présente que lorsqu'il s'agit d'un ingénu, parce que seul l'ingénu a des agnats qui n'ont pas en même temps la qualité d'héritiers siens et parce que seul il a des *gentiles ;* occupons-nous d'abord de cette succession.

L'extinction des droits de succession des agnats était sans doute souvent regrettable, mais elle avait beaucoup moins d'inconvénients que la rupture du lien de puissance paternelle ; en effet, ces agnats, puisque nous ne supposons pas qu'ils ont, en même temps, la qualité d'enfants en puissance, ne sont après tout que des collatéraux, et il est beaucoup moins choquant de voir la succession échapper à des collatéraux pour passer à d'autres, que de la voir échapper à des enfants pour passer à des collatéraux. Aussi les préteurs ne prirent aucune mesure à l'égard des agnats *capite minuti*, ils ne rescindèrent pas leur *capitis deminutio ;* on peut même dire qu'ils voyaient d'un assez bon œil cette *capitis deminutio* qui faisait disparaître le privilège arbitraire au point de vue du droit naturel que les agnats ont à l'égard des cognats ; aussi ils refusèrent aux agnats *capite minuti* la *bonorum possessio unde legitimi* pour ne leur donner, comme aux autres cognats, que la *bonorum possessio unde cognati* (G. III, § 27 ; — § 1 Inst., 3-5).

Toutefois cette ressource ne parut pas suffisante aux empereurs qui tinrent en un cas la *capitis deminutio* pour non avenue. — Justinien nous apprend au paragraphe Inst., *de succ. cogn.* 3. 5, que c'est l'empereur Anastase qui fit cette réforme en appelant les frères émancipés, eux seuls et non leurs enfants, à la succession de leur frère prédécédé ; toutefois, en présence d'autres frères *non capite minuti*, leur droit était diminué d'un tiers de ce qu'il aurait été s'ils ne fussent point sortis de la famille (Th., sur ce §) ; Justinien fit disparaître toute différence (§ 4 Inst., *de leg. agn. tut.* 3, 2 ; — L. 14, § 1, C. *de leg. hered.*, 6. 58).

Si, maintenant, nous supposons qu'il s'agit de la succession du patron et de ses héritiers, le *de cujus* étant un affranchi, le préteur qui, fidèle aux vieilles traditions, veut garder le respect des droits du patron le restituait sans doute ainsi que ses héritiers contre les effets de la *minima capitis deminutio* au moyen de la *bonorum possessio unde patronus patrona liberique et parentes eorum* (§ 3, *Inst.*, 3, 9, et Théoph., sur ce §).

Si enfin le défunt était un émancipé, les droits de succession du *manumissor* quasi-patron n'étaient pas atteints quand ce *manumissor* était le père, parce qu'il pouvait bénéficier de la *bonorum possessio unde X personæ*, s'il était *extraneus* nul ne songea à venir à son secours, le préteur moins que tout autre, puisqu'il s'efforçait de combattre ses droits (§ 4, *Inst., de bon. poss.*, 3. 9).

B. — **Des droits de tutelle.** — Il faut distinguer au point de vue de l'extinction de la tutelle si c'est le pupille ou le tuteur qui est *capite minutus*.

Si c'est le pupille, il s'agit alors d'une adrogation ou d'une légitimation ; on voit de suite que toute tutelle doit cesser, puisque l'impubère cesse d'être *sui juris*, condition essentielle pour avoir un tuteur (§ 4, *Inst., quib. mod. tut. fin.*, 1-22, — § 1, *Inst., de tut.*, 1-13). Cette extinction n'a rien de commun avec la dissolution du lien d'agnation (1).

Si c'est le tuteur qui subit une *capitis deminutio*, la tutelle ne prend fin que si c'est une tutelle légitime (§ 4, *Inst., quib. mod. tut. fin.*, 1. 22). Ici c'est bien une conséquence de la rupture des liens de parenté. En effet, les tutelles légitimes, et nous comprenons sous ce nom celle des agnats, des *gentiles* (2), des patrons, du *manumissor extraneus*, des ascendants et même la tutelle fiduciaire, sont fondées sur le prin-

(1) En certains cas la *capitis deminutio* aura pour conséquence de faire mettre le *capite minutus* en tutelle ; exemple : en cas d'émancipation.

(2) L'existence de cette tutelle qui avait été longtemps révoquée en doute, paraît aujourd'hui démontrée par suite de la découverte de la *laudatio funebris de Turia*.

cipe, *ubi emolumentum successionis ibi et onus esse debet*. Lorsque le droit de succession disparaît par la rupture du lien, le droit à la tutelle doit également être perdu.

Ce motif fait comprendre pourquoi la tutelle légitime est seule éteinte par la *capitis deminutio* du tuteur. Il nous interdit également de faire aucune distinction entre les différentes tutelles légitimes, bien que le paragraphe cité des Institutes puisse laisser place à quelques doutes (*Conf.*, § 2, *Inst., de S. C., Orphi.*, 3, 4).

Ces principes semblent ne pouvoir soulever de difficultés, cependant un texte de Paul qui forme la loi (7 pr. D., n. t.), a soulevé d'assez vives discussions, nous y insisterons peu, attendu que la question tend uniquement à savoir ce qu'a voulu dire Paul, et qu'il n'a été tiré de ce texte aucun système particulier.

La partie du texte qui fait difficulté est ainsi conçue : « *Tutelas etiam non amittit capitis minutio :* exceptis his, « quœ in jure alieno personis positis deferuntur. »

D'après les principes exposés, les mots qui forment la dernière partie de la phrase, devraient signifier, excepté les tutelles légitimes, mais voilà ce qu'il n'est pas aisé d'en faire sortir.

Trois explications principales ont été proposées :

On a dit, il y a omission de la négation avant *deferuntur ;* excepté les tutelles qui ne sont pas déférées à des personnes en puissance. — Ce sont précisément les tutelles légitimes, l'ascendant étant toujours d'un degré plus proche que son descendant en puissance est celui qui est appelé à la succession, donc à la tutelle légitime, tandis que les tutelles testamentaires et datives peuvent être déférées à un fils de famille. Cette première explication a le tort de corriger un texte, ce qui est toujours un moyen héroïque.

On a dit aussi : ces mots exceptent toutes les tutelles existant sur la tête d'une personne donnée en adrogation (Mulhenbrech, 1835, n° 77, p. 609). Cette explication n'est pas invraisemblable, cependant, comme le fait observer M. de Savigny, « tout l'enchaînement logique des textes disparaî- « trait ; alors car, après avoir posé une exception unique, plus « loin il en ajouterait une seconde, et beaucoup plus impor- « tante. »

La troisième explication s'appuie sur la scoliaste des basiliques, et traduit : excepté les tutelles établies au profit des personnes restées en la puissance de leur père, jusqu'à sa mort. — C'est-à-dire, précisément au profit des personnes, qui n'ont pas subi de *capitis deminutio*, et qui partant, peuvent avoir une tutelle légitime. Cette explication est peut-être préférable aux deux autres ; mais, avouons, tout en nous y arrêtant, qu'elle ne nous satisfait pas complètement (Acc., p. 342, n° 1, *op. cit.* ; Sav., p. 75, note p, *op. cit.*).

Passons donc sur ce texte, sans nous y arrêter davantage.

Les règles que nous venons d'exposer sur l'extinction de la tutelle, s'appliquent identiquement à la tutelle des femmes pubères. Nous ferons seulement deux remarques :

a. On sait que la femme usait assez volontiers de la combinaison des règles sur l'extinction de la tutelle, par la *conventio in manum*, et sur l'existence de la tutelle légitime, au profit du *manumissor* de l'émancipé, pour se donner un tuteur de son choix (G. C I, § 113).

b. La tutelle des femmes pubères pouvait encore, à l'époque classique, faire l'objet d'une *cessio injure* (§ 168, G. C I). Lorsque cette *cessio in jure* avait eu lieu, cela n'empêchait pas la tutelle de disparaître, par la *capitis deminutio*.

Si c'était le cédant qui était *capite minutus*, la tutelle prenait fin, comme si elle n'eût point été cédée, parce que nul ne transfert plus de droits qu'il n'en a.

Si c'était le cessionnaire qui subissait la *capitis deminutio*, la tutelle retournait de plein droit au cédant (§ 170, G, C I).

Peut-être la *cessio in jure tutelæ* fut-elle pratiquée anciennement, quoi qu'en dise Gaius au § 168, même pour la tutelle des impubères. Si cela était, les règles que nous venons d'expliquer, pour combiner l'extinction de la tutelle par *capitis deminutio* avec cette *cessio*, seraient identiquement applicables à ce cas.

Les règles sur l'extinction de la tutelle seraient également applicables *mutatis mutandis*, à la curatelle légitime (§ 3, *Inst.*, *de curat.*, I, 23.).

Sous Justinien, toutes ces règles sont changées. Elles avaient déjà été modifiées sur un point, par Anastase. Cet empereur avait, en effet, décidé que l'émancipé serait appelé « *ad legitimam fratrum et sororum nec non liberorum fra-* « *trum tutelam; quasi minime patris potestate per jus eman-* « *cipationis relaxatus* » (L. 4, C. *de leg. tut.*, 5, 30).

C'était la conséquence du rétablissement des droits de succession entre les mêmes personnes, et c'est probablement à cette disposition que Justinien fait allusion, lorsque, reproduisant, dans le § 3, *Inst.*, 1-15, le § 158, de G., C., I, dans lequel ce jurisconsulte disait : « *agnationis quidem jus ca-* « *pitis deminutione perimitur.* » L'empereur le modifie en écrivant *plerumque perimitur*. Postérieurement, lorsque Justinien, ayant réformé les successions, la cognation fût le seul lien de famille pris en considération, la tutelle légitime des agnats devient la tutelle légitime des cognats, en vertu même du principe : *ubi emolumentum*..... (Nov. 115, *cap.* 15) ; or, la cognation, comme nous l'allons voir, survit à la *capitis deminutio*, donc aussi la tutelle, qui en est la conséquence.

Probablement il faut dire la même chose de la curatelle légitime. Quant à la tutelle des femmes, spécialement la tutelle légitime, elle avait depuis longtemps déjà disparu (Arg[t] L. 2, § 1, C. *de his qui ven*, 2, 45).

SECTION DEUXIÈME

DROITS RELATIFS AUX BIENS.

I. — Servitudes personnelles : Usufruit, usage.

Les deux seules servitudes personnelles qui s'éteignent par la *capitis deminutio* du titulaire sont l'usufruit et l'usage (L. 1, pr. D. *quib. mod. usuf.*, 7-4.) La raison de cette extinction, c'est que ces droits ne peuvent survivre à celui auquel ils appartiennent ; or, la *capitis deminutio*, nous l'avons dit fréquemment, c'est la mort de la personne civile.

La loi I pr. *D. quib. mod. usuf.* (7-4) étend l'effet extinctif de la *capitis deminutio* aux créances ayant pour objet la constitution d'un usufruit, d'un usage ; mais, pour le moment occupons-nous seulement de l'extinction du droit lui-même et spécialement de l'usufruit, ce que nous en dirons devra être étendu à l'usage (pr. *Inst., de usu et hab.*, 2-5.)

Occupons nous d'abord de l'extinction d'un usufruit testamentaire.

Il est évident que ce droit ne peut-être perdu que lorsqu'il est déjà acquis, recherchons donc à quel moment il prend naissance ?

En matière de legs, il faut distinguer d'une façon générale le *dies qui cedit* (le terme qui s'avance,) et le *dies qui venit* (le terme qui est venu). (1)

Le droit ne se fixe pas seulement au moment du *dies venit,*

(1) La même distinction est faite en matière d'obligations contractuelles (L. 213, D *de verb. sign.*, 50-16), mais on se sert peu de ces expressions ailleurs que dans les legs.

il est fixé dès le moment de la *diei cessio*. En principe cela est avantageux, car c'est du moment où le droit s'est fixé qu'il est devenu transmissible aux héritiers du légataire (Ulp. XXIV, § 30; — L. 5, pr. D., *quand. dies leg.*, 36-2.) En matière de legs d'usufruit, cet intérêt disparaît puisque l'usufruit, même acquis, ne se transmet pas aux héritiers ; l'arrivée du *dies cedens* constitue même un danger pour le légataire, puisque c'est du moment où le droit s'est fixé qu'il peut périr par *capitis deminutio,* donc si, dans les legs en général, il y avait intérêt à hâter la *diei cessio,* il y avait intérêt à la retarder dans le legs d'usufruit. C'est ce qui fut fait.

Suivant les règles habituelles, la *diei cessio* du legs pur et simple ou à terme se plaçait, avant les lois caducaires et sous Justinien, au moment du décès du testateur, depuis le vote de ces lois jusqu'à Justinien, au moment de *l'apertura tabularum* (Ulp. XVII, § 1.) La *diei cessio* du legs conditionnel se plaçait au moment de l'arrivée de la condition (L. 41 D., *de cond. et dem.*, 35-1.)

Au contraire, en matière de legs d'usufruit, la *diei cessio* est retardée jusqu'au jour de l'addition, si le legs est pur et simple, jusqu'au jour de l'arrivée du terme, si le legs est à terme, et cela parce que la créance même d'usufruit s'étendrait comme nous l'avons dit par la *capitis deminutio*, si le droit était déjà fixé (LL. 2 et 3 ; — 5 § 1, D. *quando dies leg.* 36-2 — *Frag. Vat.*, 60.)

C'était déjà diminuer les chances d'extinction de l'usufruit, la pratique usant de ces principes a tourné en grande partie l'extinction de l'usufruit par la *capitis deminutio*. On a constitué non plus un seul usufruit, mais une série d'usufruits *in annos, in menses, in dies,* c'est-à-dire, ne durant qu'une année, qu'un mois ou qu'un jour, mais renaissant l'année, le mois ou le jour suivant ; cela fait, chaque usufruit ayant un *dies cedens* au commencement de l'année, du mois ou du jour, ne pouvait être éteint par la *capitis deminutio* qui avait précédé et qui n'avait mis fin qu'à l'usufruit en cours

(L. 1 § 3, *quib. mod. usuf. amitt.*, 7-4. — L. II, LL. 10-11-12, pr. *D. Quand. dies. leg.*, 36-2.)

Mais c'était là des dispositions de faveur pour les usufruits établis par testament, dispositions conformes, du reste, aux usages des Romains si favorables aux testaments.

Lorsque l'usufruit avait été constitué en vertu d'un contrat, ces principes n'étaient point applicables ; d'abord, les Romains n'avaient point admis qu'un usufruit pût, à la suite d'un contrat, être constitué *in singulos annos, menses ou dies* (Argt, L. 16, § 1, *D., de Verb. oblig.*, 45-1 ; — L. 4, et L. 11, D. *de ann., leg.*, 33-1). (1)

Et, l'eussent-ils admis, cela n'eût pas empêché l'usufruit de s'éteindre, car, dans les contrats à terme, la *diei cessio*, c'est-à-dire la fixation du droit, a lieu au moment du contrat ; par conséquent, les créances de tous ces usufruits à terme auraient péri ensemble, comme s'ils eussent été déjà constitués.

Justinien supprima l'effet extinctif de l'usufruit, lorsqu'il s'agissait de la *minima capitis deminutio* (§ 3, *Inst., de usuf.*, 2-4 ; — L. 16, § 2, C. *de usuf.*, 3, 33).

Par une application remarquable de ce principe, quand un individu *sui juris* se donne en adrogation ; ses droits d'usufruit et d'usage, tombent désormais dans la jouissance que le *paterfamilias* a des biens de ses enfants. — Il y a même, en quelque sorte, constitution d'un usufruit, par suite de la *capitis deminutio*, puisque le père a la jouissance légale de tous les biens de l'adrogé qui en conserve la propriété (§ 2, *Inst.*, 3, 10).

Enfin, nous ferons une dernière remarque sur certaines difficultés que soulève l'application des principes de l'extinction de l'usufruit, par la *capitis deminutio*.

Ces difficultés sont au nombre de deux :

(1) Cela n'eût pas été pratique, puisque ce n'est pas le contrat qui constitue l'usufruit ; il eût fallu chaque jour, ou tout au moins chaque mois ou chaque année, faire un acte constitutif du droit d'usufruit.

1° Lorsque l'usufruit a été constitué sur la tête d'un fils de famille, est-ce la *capitis deminutio* du père ou celle du fils qui entraîne extinction de l'usufruit ?

2° Lorsque l'usufruit a été constitué sur la tête d'un esclave, la *capitis deminutio* du maître le faisait-il cesser ?

Ces questions se posaient également en cas d'extinction, par suite de décès ; les solutions étaient les mêmes dans les deux hypothèses.

En droit classique, les jurisconsultes distinguèrent : Si l'usufruit avait été acquis entre vifs la *capitis deminutio* du père ou du maître mettait fin à l'usufruit, car l'intention du père devait être d'acquérir l'usufruit pour lui-même. Si l'usufruit avait été constitué par testament, la *capitis deminutio* du fils y mettait seule fin, ou ce qui peut être considéré comme équivalent, l'aliénation ou l'affranchissement de l'esclave (*Fragm. Vat.*, 57), attendu que les legs sont toujours faits *intuitu personnæ*.

Justinien a décidé qu'il faudrait une *capitis deminutio* et du père et du fils pour que l'usufruit ou l'usage fût éteint, et, s'il s'agit de l'esclave, il faut une *capitis deminutio* du maître; peu importe l'aliénation ou l'affranchissement de l'esclave (L. 17, C *de usuf.* 3. 33.).

II. — **Extinction des dettes.** — Les dettes sont un rapport entre deux personnes, l'une des personnes, terme du rapport, disparaissant, la dette s'éteint. Tel est le principe écrit dans plus d'un texte notamment dans la loi (2, §§ 2 et 3 D. *de cap. min.*, n. t. 4-5) : *hi qui capite minuuntur ex his « causis, quæ capitis deminutionem præcesserunt, manent « obligati naturaliter..... Nemo delictis exuitur, quamvis ca- « pite minutus sit.* »

Ainsi le texte en posant le principe, fait lui-même exception pour les dettes nées d'un délit. Cette exception n'est pas la seule. Etudions d'abord le principe.

Il s'applique notamment, pour ne pas dire exclusivement, mais cela est déjà très remarquable, aux dettes nées d'un contrat, il ne faut pas, du reste, distinguer si l'obligation est conditionnelle ou non. Il nous paraît impossible que le lien si imparfait qui existe entre le créancier conditionnel et son débiteur, et auquel les Romains ont donné le nom de *spes*, soit plus durable que le droit une fois formé ; il faut appliquer aux dettes conditionnelles les règles que nous allons développer pour les dettes pures et simples (Cf., sur les deux grandes *capitis deminutiones* ; M. Bufnoir, *Théorie de la condition*).

Les correctifs dont nous allons parler semblent indispensables, cependant le résultat de l'extinction des dettes n'est peut être pas aussi choquant qu'il paraît au premier abord.

S'il s'agit d'un individu *alieni juris* avant la *capitis deminutio*, celui-là ne devait pas avoir beaucoup de créanciers, attendu que, puisqu'il n'avait pas actuellement de biens, il n'offrait pas une grande garantie ; quant aux créanciers qui avaient consenti à avoir confiance en lui, ils savaient bien que sa position d'*alieni juris* rendait leurs créances un peu précaires.

S'il s'agissait de personnes devenant de *sui juris alieni juris*, par exemple, au cas d'adrogation, l'extinction des dettes était sans doute très choquante, mais c'était aux pontifes qui présidaient à l'adrogation à examiner dans l'enquête, si un des buts de l'adrogation n'était pas précisément de se débarrasser de ses créanciers, cas auquel l'enquête aurait conclu au rejet de l'adrogation.

Au cas de *manus*, les créanciers de la femme *sui juris* devraient également s'attendre à voir quelque jour cette femme se marier et faire la *conventio in manum*.

Enfin au cas de légitimation, les inconvénients sont également graves, mais la légitimation était-elle bien fréquente à Rome ?

De plus nous croyons qu'en droit civil une obligation naturelle subsistait, la loi (2, § 2, D. 4, 5) le dit ; seulement quels étaient les effets de cette obligation naturelle ? Les Romains ne s'en sont pas occupés, attendu qu'à l'époque classique le préteur avait déjà restitué au moyen de la *restitutio in integrum* une obligation plus forte et mieux garantie que l'obligation naturelle, celle-ci n'avait donc plus d'intérêt. Donc l'extinction des dettes tout en restant assez extraordinaire, avait peut-être moins d'inconvénients pratiques qu'il paraîtrait d'abord ; quoi qu'il en soit, il est certain qu'elle en avait, et le préteur eut raison d'atténuer autant que possible les effets de cette extinction.

Voici quelle fut sa réforme : il accorda une *restitutio in integrum* par laquelle les dettes du *capite minutus* reprirent force et furent de nouveau munies d'une action.

Développons cette réforme :

Il faut d'abord observer qu'elle était surtout utile aux cas d'adrogation de légitimation et de *manus*, aussi ce sont ces cas que les textes visent principalement (G. § 84, C. III, — 38 C. IV.) Ces règles doivent être généralisées *mutatis mutandis*.

Cette *restitutio in integrum*, semblable à celle qui permet aux émancipés de demander la *bonorum possessio unde liberi*, est donnée en dehors des principes habituels, en ce qu'elle n'a pas besoin d'être demandée et que les actions qu'elle fait renaître recouvrent la durée qu'elles avaient.

Elles sont donc en général perpétuelles ; ainsi disparaît ce qui nous est signalé peut être à tort par Justinien comme le caractère principal de la distinction entre les actions civiles et prétoriennes (L. 2, § 1 et 5, D. 4-5, — pr. *Inst., de perp. et temp. act.*, 4-12). La seule différence qu'il y ait entre cette action et l'action primitive, c'est qu'elle est fictive, simple intérêt de procédure ; la fiction consiste à supposer que la *capitis deminutio* n'a pas eu lieu ; elle est aussi qualifiée *utile* parce qu'elle est donnée en dehors des règles habituelles, mais nous ne pensons pas que cela ait aucun intérêt pratique (G. C., IV. § 38 ; C. III, § 84, 2e phr.).

Quel est l'effet de cette action ?

Si le *capite minutus* est désormais *sui juris*, l'action aura absolument le même effet que si le débiteur était devenu *sui juris* sans *capitis deminutio*.

S'il est *alieni juris*, son *paterfamilias* doit venir le défendre, sinon les créanciers sont autorisés par le préteur à vendre les biens qui appartenaient au *capite minutus* avant sa *capitis deminutio*, comme s'il n'y avait pas eu *capitis deminutio* (§ 84 G. C. III).

Dans cette même hypothèse où le *capite minutus* est *alieni juris*, Ulpien, d'accord en cela avec un certain nombre de jurisconsultes, donnait aux créanciers l'action *de peculio* contre celui qui a la puissance.

Sabinus et Cassius refusaient cette action parce que l'action *de peculio* ne peut avoir sa cause dans des faits antérieurs à la constitution du pécule, d'une manière générale, attendu que le fondement de l'action *de peculio* est dans le consentement tacite que le père donne aux obligations de son fils en lui constituant un pécule (L. 42, D. de *peculio*, 15-I). On est souvent séduit par cette idée, mais ne pourrait-on pas dire : en acquérant la puissance le père de famille ratifie tout ce qui a été fait par l'individu qui tombe sous sa puissance et cette ratification après coup doit avoir les mêmes effets qu'un mandat.

Cette explication devient très satisfaisante si l'on observe que, vu les usages romains de laisser dans le pécule du fils tout ce qui est acquis par lui au père, la plus grande partie du pécule du fils, au cas d'adrogation et de légitimation, se composera de tout ce qu'il avait avant sa *capitis deminutio*, et, comme le droit des créanciers est limité à ce pécule, les résultats de cette action *de peculio* seront à peu près les mêmes que ceux de l'action fictive. — L'opinion d'Ulpien a donc pour principal avantage de simplifier en faisant à peu près rentrer notre hypothèse dans les règles du droit commun (Cf. Acc., *op. cit.* t. 2, p. 166, n. 1, 3e édit.).

Sous Justinien une seule action est donnée, mais cette action rappelle plutôt l'action *de peculio* (§ 3 *Inst., de adquis, per adrog.*, 3-10).

C'est contre le *paterfamilias* qu'elle est donnée, c'est là, sans doute un souvenir de l'action *de peculio*, souvenir d'autant plus remarquable que le fils de famille conserve la propriété de ses biens, mais son père en a la jouissance et l'administration, ce qui rend encore logique l'exercice de l'action contre lui. De plus elle ne peut plus être fictive parce que la fiction était une qualité propre aux actions du système formulaire.

On sait de plus que sous Justinien il n'y a plus de vente en bloc, mais seulement des ventes en détail (pr. *Inst.*, 3-12).

Nous avons annoncé des dettes qui par exception survivent à la *capitis deminutio.* Ces exceptions sont :

1° Les dettes nées de délits ou de quasi-délits (L. 2, § 2, D. n. t.).

2° Les dettes grevant une hérédité à laquelle le *capite minutus* était appelé (G. C. III, § 84, 1re phr.).

3° Les obligations *quæ naturalem præstationem habent* (2, LL. § 3 ; — 7 § 1, 8, 9, 10, D. n. t. — L. 2, D. *de op. ser.*; 7-7).

Ces exceptions seront développées en tant que de besoin dans le chapitre II, parmi les droits survivants à la *capitis deminutio*.

III. — **Créances.** — Il ne peut être ici question que des *capite minuti* qui étaient *sui juris* avant la *capitis deminutio,* ceux qui étaient *alieni juris* n'ayant pas de créances.

Il semble que la *capitis deminutio* devrait éteindre les créances comme elle éteint les dettes parce que, que ce soit le créancier ou le débiteur qui disparaisse, c'est toujours un des termes du rapport. Cependant il n'en est pas ainsi.

Au point de vue des dettes, on ne pouvait jamais considérer que quelqu'un prenait la place du *capite minutus*, parce que celui qui prend sa place ne pouvait être que celui qui acquiert la puissance sur lui ; or ceux qui ont la puissance ne peuvent être grevés de dettes par ceux qui sont en leur puissance. Au contraire, en matière de créances, comme ceux qui sont *sui juris* ne peuvent subir une *capitis deminutio* que pour devenir *alieni juris,* et comme, en ce cas, rien ne s'oppose à ce que les créances passent d'une tête sur une autre puisque le *paterfamilias* acquiert par les personnes qui sont en puissance, on a profité de ce principe pour éviter le résultat fâcheux de l'extinction des droits et obligations. Ceci s'applique notamment au bénéfice des legs et institutions d'héritiers. Donc les créances ne périssent qu'exceptionnellement par la *capitis deminutio* quand elles sont intransmissibles.

Ces créances intransmissibles sont les suivantes :

1° Les créances des services dus par un affranchi (G. § 83, C. III.)

En ce texte Gaius semble dire que si elle est née du *jusjurandum liberti.* Il ne faut pas s'attacher littéralement au texte du jurisconsulte. Si la créance avait été constituée par une stipulation, ou si le patron s'était contenté d'une simple promesse, l'extinction ne s'en suivait pas moins, attendu que cette extinction provenait non de la forme qui avait donné naissance au droit, mais de la nature du droit lui-même, qui ne peut naître qu'au profit d'un patron à l'égard de son affranchi qui se rattache quoique seulement accidentellement aux *jura patronatus*, par conséquent qui doît périr avec ces droits eux-mêmes avec la *capitis deminutio*. En ce sens nous citerons le paragraphe 1 *Inst. de adquir. per adrog.* (3-10), qui ne distingue pas. Quant à Gaius, il a parlé du serment parce que c'est le mode le plus habituellement employé pour faire naître cette créance.

Remarquons que ni le paragraphe de Gaius ni celui des Institutes n'établissent une distinction entre les différentes *operæ*. Voici la signification de cette remarque dans la loi 6 D. *de op. libert.* (36-1.).

Ulpien distingue les *operæ officiales*, qui ne sont jamais transmissibles même aux héritiers (L. 6), des *operæ fabriles* qui pouvaient exister au profit d'autres que le patron (L. 9, § 1, D. de op., libert., 38-1.)

On aurait compris que la *capitis deminutio* éteignît les *operæ officiales* non les *operæ fabriles*. C'est cette distinction qui doit être écartée. D'ailleurs, il ne serait pas rationnel de la faire parce que même ces *operæ fabriles*, qui peuvent exister au profit de tous, n'en sont pas moins la conséquence des *jura patronatus*, seulement des conséquences détachées par le patron.

2° Nous avons déjà signalé comme s'éteignant les créances d'un usufruit ou d'un usage à constituer (V. *supra*. p. 69)

3° Il en est de même du droit (1) né de la *litis contestatio*, quand l'instance engagée constitue un *judicium legitimum* (G. § 83, C. III.)

4° La créance de l'*adstipulator*, parce que c'est comme mandataire qu'il est devenu créancier et que le créancier principal peut manquer de confiance en celui qui acquiert la puissance et refuser par conséquent d'en faire son mandataire (G. § 114, C. III.)

5° Le même principe doit nous faire décider que le pouvoir de recevoir le payement donné, par le créancier à l'*adjectus solutionis gratia* s'éteignait aussi par la *capitis deminutio* même *minima* de l'*adjectus*.

Un texte d'Africain, qui forme la loi 38 pr. (*de sol.* D. 46-3), confirme pleinement cette déduction des principes, mais il semble contredit par deux fragments l'un de Julien (L. 56 § 2 *de verb. obl.* D. 45-1) et l'autre de Papinien (L. 95 § 6, D. *de sol.*, 46-3). Suivant nous, cette contradiction implique un changement de jurisprudence. De bonne heure, nous le savons, on essaya de réagir contre les effets rigoureusement logiques de la *capitis deminutio ;* cet esprit de réaction s'accuse par la recherche de l'intention des parties.

Il aurait pu sembler naturel d'accorder une *restitutio in integrum* au *capitis minutus*, afin de lui restituer les droits

(1) A côté de ce droit est maintenu l'obligation de figurer à l'instance.

qu'il perdait, comme on restitue les actions contre lui cela semble surtout utile au cas d'extinction du droit né d'un *judicium legitimum.* Aussi on a conjecturé qu'en cette hypothèse au moins, il y avait *restitutio in integrum* (Acc., I. p. 437 *op. cit.*, note 1). C'est possible aucun texte ne le dit ni le contredit.

IV. La dernière exception à la règle de la survivance des créances à la *capitis deminutio* nous amène par une transition assez naturelle à une quatrième série d'effets extinctifs de la *capitis deminutio.*

Lorsqu'un contrat est fait *intuitu personæ* les rapports obligatoires, créances ou dettes, créés par ce contrat, disparaissent quand la personne a cessé d'être par suite de *capitis deminutio.* C'est ce que dit Gaius à propos de la société (G. C. III, § 153). Le même principe nous conduit à la même solution pour le mandat; les textes sont muets, mais on peut argumenter en ce sens de ce qui est dit pour l'*adstipulatio* (G. C. III, § 114). Sauf d'ailleurs aux parties à réformer immédiatement le contrat, si le *capite minutus* est demeuré capable.

Cette extinction des rapports obligatoires peut quelquefois se légitimer par le changement de situation, en fait, de l'associé ou du mandataire; mais, décider d'une manière générale que la *capitis deminutio* même *minima,* a le même effet dans tous les cas, c'était s'attacher trop rigoureusement à l'idée de changement de la personne, car ce qu'on prend en considération, ce sont les qualités qui ne changent pas par la *capitis deminutio;* aussi Justinien a-t-il eu raison de faire disparaître cet effet extinctif (§ 4, *Inst.*, *de soc.*, 3-25).

V. — **Dernier effet, rupture du testament.** — Le testament du *capite minutus* est anéanti — il devient *irritum* suivant l'expression technique, si le *capite minutus* veut laisser un héritier testamentaire, il doit recommencer son testament (G. C. II, § 145 — § 4 et suiv. *Inst., quib. mod. test. inf.*, 2. 17).

Cependant si le fils soumis à la puissance paternelle dispose par testament de son pécule *castrens*, son testament subsiste malgré l'émancipation (L. 6 § 13, D. *de inj. rupt.*, 28-3, — 1 § 8; D. *de bon. poss. sec. tab.*, 37-11). Ce n'est pas là précisément une exception, c'est une application de ce principe que relativement au pécule *castrens* le fils est *loco paterfamilias ;* or ce n'est pas en cette qualité qu'il a subi une *capitis deminutio*.

Mais par une véritable exception au principe, ou plutôt par un correctif prétorien, le testament devenu *irritum* par la *capitis deminutio minima* peut sortir son plein effet pourvu, disent les Institutes, qu'il renferme le cachet des sept témoins voulus par le préteur et que le *capite minutus* meure *sui juris* (§ 6, *Inst., quib. modis. test. inf.*, 2-17).

Papinien ajoute pour l'adrogé, et cette théorie semble devoir être généralisée, qu'il faut de plus que le *capite minutus* ait manifesté depuis qu'il est devenu *sui juris* l'intention de revenir à ses dispositions, car il y a implicitement renoncé en consentant à devenir *alieni juris* (11, § 2, D. *de bon. poss. sec. tab.*, 37-11).

Sous Justinien le principe prétorien a définitivement triomphé, le droit prétorien étant devenu le droit pratique.

CHAPITRE DEUXIÈME

DROITS ET ACTIONS QUI SURVIVENT A LA *capitis deminutio minima.*

SECTION PREMIÈRE

Droits politiques. — On est unanimement d'avis que la *capitis deminutio minima* ne fait pas perdre les droits politiques. Les lois 5, §§ 2 et 6, D. *n. t.* sont en effet très formelles à cet égard : « *Nunc respiciendum, quæ capitis deminutione* « *pereant. Et primo de ea capitis deminutione, quæ salva* « *civitate accidit, per quam publica jura non interverti cons-* « *tat : nam manere magistratum, vel Senatorem vel judicem,* « *certum est. — Nam et cætera officia, quæ publica sunt, in* « *eo non finiuntur : capitis enim minutio, privata hominis et* « *familiæ ejus jura, non civitatis, amittit.* »

Nous admettons très volontiers que tel était le droit à l'époque classique ; mais si l'on se reporte à la conception que nous avons donnée de la *capitis deminutio* même *minima*, suppression du citoyen par retranchement de chapitre, il est probable qu'à l'origine, l'individu *capite minutus minime* perdait sa capacité au moins un instant de raison; c'est à cette doctrine que nous rattacherions le système proposé par M. de Savigny, relativement à la capacité politique de l'individu *in mancipio.*

M. de Savigny fait observer qu'Ulpien, énumérant dans les §§ 3 et 6, tit. XX, *regl.*, les cas où le fils de famille peut être témoin testamentaire, omet le cas de l'individu *in mancipio.*

Or, la capacité d'être témoin testamentaire rentre dans la capacité politique : « *testamenti factio non privati sed publici* « *juris est.* » (L. 3, D., *qui test.*, 28-1); donc le fils de famille *in mancipio* avait perdu la capacité politique; d'ailleurs, cela concorde parfaitement avec la situation d'un individu qui est dit *loco servi.*

M. de Savigny pense qu'il y a là une simple suspension des droits, puisque, par l'affranchissement, le *mancipatus* recouvrait toujours l'intégralité de ses droits (Sav., *op. cit.*, p. 50, t. 2).

Nous dirions plutôt qu'il y a là une perte véritable des droits ; c'est la conséquence de ce que nous avons dit sur les effets du retranchement de chapitre ; mais les Romains n'ont pas étudié la question toute historique, de savoir s'il y avait suspension ou perte réelle des droits politiques ; ce qui paraît certain, c'est que tant que durait le *mancipium*, le *mancipatus* n'exerçait pas de droits politiques, et que dès qu'il était affranchi, il les exerçait à nouveau.

SECTION DEUXIÈME

DROITS DE FAMILLE ET AUTRES QUI S'Y RATTACHENT.

I. **Cognation.** — Le lien de cognation n'est pas rompu par la *capitis deminutio*, « *quia civilis ratio civilia quidem* « *jura corrumpere potest, naturalia vero non potest* » (G., § 158, C. I). La pensée de Gaius est aussi juste que la conséquence qu'il en déduit ; mais Justinien modifie un peu le passage correspondant de Gaius (§ 3, *Inst.*, *de leg.*, *agn.*, *tut.* 1-15), et pour ne laisser aucun doute sur son intention, il développe un peu plus loin sa pensée, § 6, *Inst.* n. t.

« *Quod autem dictum est manere cognationis jus et post* « *capitis deminutionem, hoc ita est, si minima capitis demi-* « *nutio interveniat, manet enim cognatio. Nam si maxima* « *capitis deminutio incurrat, jus quoque cognationis perit, ut* « *puta servitute alicujus cognati ; et ne quidem, si manu-* « *missus fuerit, recipit cognationem. Sed et si in insulam* « *quis deportatus sit, cognatio solvitur.* »

Ainsi, pas de doute, même sous Justinien, la *capitis deminutio minima* laisse subsister la cognation ; nous croyons d'ailleurs qu'il en est de même des deux grandes *capitis deminutiones* (1).

(1). Le lien de cognation subsiste, car tout le monde admet que le *capite minutus* devenu pérégrin ne pourrait contracter avec ses cognats restés citoyens un *matrimonium injustum*. Il est encore tenu aussi à la *reverentia* envers ses ascendants et s'il reconnaît la cité ; il ne pourrait contracter *de jus-*

a. — La première conséquence du maintien du lien de cognation est le maintien du droit de succession, toutes les fois que ce droit est fondé sur la cognation, notamment le droit à la *bonorum possessio unde cognati,* la plupart des droits de succession créés par les empereurs tels que ceux des S. C. Tertullien et Orphitien (§ 2, *Inst.*, *de S. C. Orph.* 3-4).

On peut également noter ici le maintien du droit aux successions, fondé sur un lien naturel même autre que la cognation ; tels sont les droits de succession prétoriens : la seule *bonorum possessio* que l'on perd par la *capitis deminutio*, le droit de réclamer, c'est la *bonorum possessio unde legitimi.*

Enfin, sous Justinien, lorsque les novelles 118 et 127 eurent organisé un système nouveau de succession, fondé sur le lien naturel de cognation, le droit à la succession ne fut plus jamais perdu par la *capitis deminutio minima ;* nous avons dit déja que, par contre-coup, la tutelle légitime commença aussi alors à survivre à la *capitis deminutio minima* du tuteur, car la tutelle légitime fut alors celle des cognats.

b. — On peut rattacher aussi à la survivance du lien de cognation, après la *minima capitis deminutio*, le maintien de l'obligation alimentaire entre ascendants et descendants (L. 5, § 1, D. *de agnosc.* 25-3).

II. Le lien que les *justæ nuptiæ* créent entre les époux survit également à la *minima capitis deminutio* ; ce qui le prouve, c'est qu'un enfant conçu d'un individu *in mancipio* est *in patria potestate*, tantôt en la puissance de *l'avus*, tantôt en la puissance du *pater* (§ 135, G. C. I). La raison en est d'abord que ce lien pourrait être reformé aussitôt que dissous, puisque les époux ont conservé le *connubium* au cas de *capitis deminutio*, ou plutôt même qu'il se reformait, en

tæ nuptiæ avec ses cognats qui ne l'ont jamais perdue. — Ce qui est vrai et ce qui a trompé Justinien, c'est que la cognation qui survit à la *capitis deminutio minima* produit plus d'effet que celle qui survit aux deux autres ; notamment elle engendre les droits de succession.

quelque sorte, de lui-même, puisque les époux n'avaient qu'à continuer à vivre ensemble ; peut-être aussi les Romains n'ont-ils pu s'empêcher de reconnaître ici que le mariage est, plus que tout autre, un contrat naturel qu'une décision du législateur ne peut arbitrairement trancher.

Au maintien du mariage se rattache, comme conséquence, naturelle, le maintien de l'obligation pour le mari de restituer la dot même après sa *capitis deminutio* (L. 8, D. *n. t.*)

SECTION TROISIÈME

DROITS COMPRIS DANS LE PATRIMOINE.

I. — **Propriété.** — La propriété aurait pu donner lieu à des difficultés, attendu que si la propriété est un droit naturel, les Romains la considéraient souvent, au moins quand elle portait sur des immeubles, comme une concession du pouvoir public. — Aussi, M. Mainz dit-il que la *capitis deminutio* fait perdre la propriété (t. 1, p. 802), tandis que M. de Savigny affirme qu'elle la laisse intacte (*op. cit.*, p. 77).

Nous croyons que cette dernière opinion est la vraie ; nous ne concevons pas même très bien qu'on ait pu affirmer le contraire, au cas de *capitis deminutio minima;* car, même en admettant que la propriété rentre dans le droit civil, et que les Romains ne l'ont jamais considérée comme un droit naturel ; que, par suite, le *capite minutus,* qui perd un instant la qualité de citoyen, doit perdre aussi un instant ses biens lorsqu'il recouvrait ses droits de cité, et dans la *capitis deminutio minima*, il les recouvre immédiatement, il devait aussi recouvrer ses biens à peu près comme il recouvre ses droits politiques. D'ailleurs, aucun doute ne peut guère subsister, après ce que disent Gaius et les Institutes (§ 1, *Inst.*, 3-10). Voici notamment le § 83, de G. C. III : « ..... *res incorporales,* « *quæque eis debitæ sunt, patri adoptivo coemptionatorive* « *adquiruntur, exceptis iis quæ per capitis deminutionem* « *pereunt, quales sunt ususfructus, operarum obligatio.....* « *quæ per jusjurandum contracta est..... legitimo judicio* ». Ainsi, Gaius oppose formellement les *res corporales*, c'est-a-dire, le droit de propriété, aux droits qui périssent; donc la propriété ne périt pas. La transmission de la propriété n'implique pas qu'elle soit perdue. Sous Justinien, la conservation de la propriété s'applique notamment au pécule adventice.

Il faut dire de la possession ce que nous disons de la propriété et, à plus forte raison, il faut dire de même de la détention (Sav., *op. cit.*, p. 144). C'est ainsi que l'action *depositi* et probablement l'action *commodati* peuvent être données contre un *capite minutus*, fût-il fils de famille (L. 21 *pr.* D. *Dep. vel. cont.*, 16-3).

II. — **Habitatio et operæ servi.** — Rien à dire sur ces droits qui sont maintenus « *quia in facto potius quam in jure consistunt* » (L. 10, D. *n. t.* — L. 2, D. 33-2).

III. — **Créances.** — Les créances, avons-nous dit, ne sont pas détruites, sauf exception, par la *capitis deminutio*, mais en général elles passent sur la tête de celui qui acquiert la puissance; nous avons déjà envisagé ce point, il nous suffira d'ajouter que si par exception certaines créances, considérées comme attachées à la personne périssent, par exception aussi, mais en sens inverse, certaines créances restent fixées à la personne du *capite minutus*. Nous citerons les créances alimentaires, les créances naturelles et les droits à l'instance, dans les *judicia non legitima*. Ces créances subsistent, soit lorsqu'elles existent au profit du *capite minutus*, soit lorsqu'elles sont à sa charge, et, par conséquent, prennent la forme d'obligations; ce que nous dirons sous cette dernière forme nous dispense de parler de leur maintien.

IV. — **Dettes.** — Nous avons déjà dit que les dettes du *capite minutus* sont en principe éteintes, mais nous avons, en même temps, signalé un certain nombre d'exceptions sur lesquelles il faut maintenant revenir.

Parlons d'abord des cas qui ne font pas de difficulté ou qui en font peu.

A. — Obligations nées *ex delicto* ou *quasi-ex delicto.* — Les obligations nées de délits subsistent, avons-nous dit (L 2 § 3,

D. *n. t.*) malgré la *capitis deminutio*, mais sont souvent modifiées. Il faut distinguer, pour connaître ces modifications, suivant que le *capite minutus* est un *alieni juris*, qui reste tel ou qui devient *sui juris*, ou bien un *sui juris*, qui devient *alieni juris*.

Dans le premier cas, par exemple, s'il s'agit d'un fils de famille adopté ou d'une fille tombant *in manum*, ou d'un enfant émancipé, l'action *ex delicto* qui était donnée *noxaliter* contre le *paterfamilias* du délinquant va être donnée également *noxaliter* contre le nouveau père de famille, le mari de la femme, ou son beau-père, ou bien se transformer simplement en une action *ex delicto* donnée contre le délinquant émancipé (§ 5, Inst. *de nox. act.*, 4-8). C'est ce qu'on exprime en disant « *noxa caput sequitur* » (L. 2 *pr.* D., *si ex nox causæ*, 2-9; — 43 D. *de nox. act.* 9-4; — L. 7, § 1, D. *n. t.* — L. 1 C. *de nox. act.*, 3-41).

Dans le deuxième cas, c'est-à-dire, s'il y a adrogation, légitimation ou *manus* acquise sur un femme *sui juris* l'action *ex delicto*, qui était donnée contre le délinquant *sui juris*, continue à être donnée contre lui; mais elle est aussi donnée *noxaliter* contre celui qui a acquis la puissance (G. C. IV, § 77 et argt. de ce texte)

B.— Dettes grevant une hérédité recueillie par la *capite minutus* avant la *capitis deminutio*.— Ces dettes sont considérées comme inséparables de l'actif (argt. L. 79, D. *de acq. vel. omit. hered.*, 29-2) ; en conséquence elles suivent le sort des biens héréditaires.

Si le *capite minutus* était *alieni juris* avant la *capitis deminutio*, les biens et les dettes restent à la charge de celui qui avait sur lui la puissance.

Si le *capite minutus* était *sui juris* et devient *alieni juris*, les dettes passent avec les biens à celui qui acquiert la puissance (G. C. III, § 84, Ire phr. et argt. de ce texte.)

On a quelquefois prétendu que ces règles s'appliquaient aux hérédités acquises depuis la *capitis deminutio*, mais nous

nous rangeons sur ce point entièrement à l'opinion de M. Accarias qui écarte ce système pour trois motifs :

1° Il est directement contraire au texte de Gaius qui, supposant une adrogation, dit que l'adrogé cesse d'être héritier ;

2° L'adrogé étant devenu fils de famille, les hérédités qu'il recueille sont régies par les principes généraux ; Gaius n'avait pas à s'en occuper ;

3° Rationnellement, on comprend très bien la différence faite entre les créanciers *ex contractu* qui ont suivi la foi de leur débiteur, l'adrogé, et ceux qui ne sont devenus ses créanciers que malgré eux et parce que cet adrogé était appelé à une hérédité.

Dans ces dettes grevant une hérédité il faut faire rentrer notamment la charge des legs à l'acquittement desquels l'héritier s'est obligé par son acceptation.

C. Les obligations *quæ naturalem habent præstationem* ou, comme disent d'autres textes, car nous estimons que ces formules sont synonymes, *quæ in facto potius quam in jure consistunt* (L. 10, D. *n. t.;* — L. L. 8-9 D. *n. t.;* — L. 2 *de op. serv.*. 7-7).

Cette formule peu précise ne désigne certainement pas les obligations et actions de bonne foi, sans cela les jurisconsultes emploieraient la formule technique. De plus, ils ne diraient pas d'une manière générale que les dettes s'éteignent par *capitis deminutio*, car cela serait faux dans un très grand nombre de cas.

Cette expression doit comprendre d'après les principes exposés et comprend, en effet, des obligations qui ont, à un degré moindre que les autres, le caractère civil, celles qui sont considérées comme ayant plus particulièrement leur fondement dans les besoins de la nature humaine, celles que les législations positives peuvent, moins que toutes autres, refuser de sanctionner.

Les actions qui sanctionnent ces obligations ont en général une formule qui exprime plus particulièrement qu'elles sont de bonne foi, mais quelquefois aussi elles sont *in factum*.

Ces notions un peu vagues ne nous donnent pas un critérium bien sûr pour distinguer les actions dont il s'agit ici ; mais l'expression latine elle-même est vague, elle n'a jamais été précisée par les jurisconsultes qui se sont contentés de citer en différents endroits quelques-unes des actions ayant ce caractère. Nous ne pouvons donc que les imiter et reproduire leur énumération.

On peut citer principalement :

1° Les obligations alimentaires (arg[t] L. 10, D. *n. t.* V. ce qui est dit de l'habitation) ;

2° L'action de la femme en restitution de sa dote (L. 8, D. *n. t.*). On sait que le caractère particulier de cette action était marquée par une différence de la formule qui portait « *quod æquius melius* (L. 66, § 7, D. *sol. mal.* 24-3 ; — L. 82, D. *de solut.*, 46-3) ;

3° L'action *depositi directa* et peut-être l'action *commodati directa*. Elles sont alors conçues *in factum* (G. C. IV, § 47). La bonne foi est en effet particulièrement intéressée à ce que le déposant puisse recouvrer sa chose elle-même et puisse la réclamer à l'individu *sui juris vel alieni juris* qui la détient et avec lequel il a seul contracté ;

4° Sans doute l'action *fiduciæ* qui peut être rapprochée des deux précédentes et qui était aussi tout particulièrement de bonne foi parce qu'elle portait « *ut inter bonos bene agier.* ; »

5° Sans doute les actions *ad bonum et æquum conceptæ*, ce qui comprend notamment les actions *injuriarum sepulcro violato, de dejectis et effusis*, lorsque la victime est un homme libre qui a seulement été blessé. Enfin, l'action résultant du dommage causé à une personne libre par les animaux placés près de la voie publique (V. Sav., *op. cit.*, p. 95, note K, p. 121);

Enfin, sans doute aussi les actions *in factum*. Nous devons ajouter que sur tous ces points, spécialement sur ces dernières actions, la doctrine des jurisconsultes romains est bien loin d'être certaine.

D. — Les obligations naturelles qu'on peut rapprocher des précédentes.

E. — L'obligation de figurer dans les instances qui constituent des *judicia imperio continentia*. — Le préteur ne pouvait en effet reconnaître l'effet exclusif de la *capitis deminutio*, lui qui rescinde cet effet relativement aux dettes civiles.

F. — Enfin, la *capitis deminutio* ne porte pas atteinte à la capacité, du moins d'une manière directe.

Mais il se peut que le fait qui entraîne *capitis deminutio* altère la capacité comme le *mancipium*, ou change en fait les résultats de son exercice comme au cas où le *capite minutus* est devenu de *sui juris*, *alieni juris* ou réciproquement.

Cependant un texte d'Ulpien a soulevé, sur ce point, de sérieuses difficultés. Ulpien, dans la loi (2, § 2, *n. t.*), après avoir parlé de la *restitutio in integrum*, accordée contre l'extinction des dettes contractées par le *capite minutus* avant sa *capitis deminutio*, ajoute : « *Cæterum si postea, imputare* « *quis sibi debebit, cur contraxerit, quantum ad verba hujus* « *edicti pertinet ; sed interdum, si contrahatur cum his post* « *capitis deminutionem, danda est actio : et quidem, si adro-* « *gatus sit, nullus labor : nam perinde obligatur, ut filius-* « *familias* ».

Ce texte n'a pas, à notre sens, une importance capitale. Ulpien commence par renvoyer assez clairement aux principes généraux. Si après la *capitis deminutio*, quelqu'un traite avec le *capite minutus*, point de *restitutio in integrum* aux termes de l'édit : celui qui a contracté ne doit s'en prendre qu'à lui-même s'il n'a pas de ressources particulières ; cela ne fait aucune difficulté, notamment en cas d'adrogation : l'adrogé a pu s'obliger, comme tout fils de famille, c'était au contractant à voir ce que valait sa créance.

Cependant, quelquefois la *restitutio in integrum* peut être donnée pour les contrats passés depuis la *capitis deminutio*.

— Ce sont ces derniers mots seulement qui font difficulté. Il faut trouver un de ces cas exceptionnels où il y a lieu à cette *restitutio in integrum*. Cela n'engage aucun principe.

Cujas a cru trouver ce cas exceptionnel dans l'hypothèse d'une femme *sui juris* qui a fait la *conventio in manum* (Obs. VII, II); suivant lui, une fille de famille ne peut s'obliger. Lors donc qu'un tiers a contracté avec elle, la croyant *sui juris*, il est trompé parce qu'il croyait que sa cocontractante s'obligeait, tandis qu'il n'en était rien. Cette erreur ne suffit pas pour qu'il soit restitué « *sibi imputare debebit* »; mais on peut supposer tel cas ou son erreur soit juste et donner droit à la *restitutio*. Cette explication serait très vraisemblable, s'il était démontré que la fille de famille ne peut s'obliger. Ce n'est pas ici le lieu de discuter cette grave question; nous dirons seulement qu'il nous paraît invraisemblable que les Romains aient frappé la fille de famille d'une incapacité absolue de s'obliger; la capacité ne lui était pas moins utile qu'au fils de famille; seulement nous avouons ne pas savoir à quelles conditions elle s'obligeait.

M. de Savigny, qui rejette l'interprétation de Cujas, fait absolument la même hypothèse, seulement en l'appliquant aux contrats de l'individu tombé *in mancipio*.

Cette application nous paraît assez vraisemblable; nous croyons même volontiers qu'Ulpien indiquait formellement cette hypothèse, mais comme elle n'avait plus de sens sous Justinien, les compilateurs du Digeste firent disparaître la mention du *mancipium* et mirent à la place *interdum*, sans remarquer que le cas dont parlait Ulpien était le seul (Sav., *op. cit.* p. 82 et 83).

CONCLUSION

A proprement parler, une semblable étude n'a pas de conclusion, cependant quelques idées intéressantes nous paraissent se dégager de cet essai sur la *minima capitis deminutio*. Résumons-les.

A l'origine nous trouvons une véritable théorie très complète, très logiquement déduite de ce principe : la *capitis deminutio*, c'est le retranchement d'un homme de la liste des citoyens. Par conséquent, cet homme perd tous ses droits civils et, à l'origine de Rome, cela signifie : l'homme est dépouillé à peu près de tous ses droits. Puis, le principe arbitraire sur lequel était basée la théorie disparaît avec le cens et on sent le besoin de distinguer trois *capitis deminutiones*. Que les deux grandes *capitis deminutiones* privent l'homme de tous les droits civils, cela n'a rien qui choque, c'est logique et juste ; mais que le simple changement de famille ait des effets aussi étendus, voilà qui était inadmissible ; aussi dès lors la *capitis deminutio minima* commence à être battue en brèche, le préteur, les juriconsultes, les empereurs la détruisent pièce à pièce ; mais il faut des siècles pour que ce travail arrive à sa fin, car les Romains sont fidèles aux vieilles traditions : c'est leur gloire et c'est une de leurs forces. Quoi qu'il en soit, la réforme s'achève et sous Justinien la *capitis deminutio minima* n'est plus guère qu'un souvenir.

Quant aux droits de la famille, il y a longtemps que la gentilité n'existe plus : l'agnation et les *jurapatronatus* subsistent et sont encore dissous par la *capitis deminutio*. Mais les *bonorum possessiones* fondées sur des liens naturels ont presque partout supplanté les vieilles hérédités du droit civil, et Justinien consomme l'anéantissement des liens de la famille civile, lorsque, par les Novelles, il supprime l'agnation et règle les successions d'après le lien naturel et les affections présumées.

Les effets de la *capitis deminutio* sur le droit des biens sont également annulés ; les actions prétoriennes données contre le *capite minutus* ne diffèrent plus des actions civiles, les créances ne passent plus sur une autre tête, l'usufruit, l'usage, la société subsistent ; le testament même reçoit son effet.

En réalité la *capitis deminutio minima* n'existe plus.

L'histoire de cette institution n'est-elle pas celle de tout le droit romain, à l'origine logiquement construit sur des principes arbitraires ; le droit est pour la plus grande partie artificiel et contraire à la nature des choses.

Le bon sens et l'esprit droit des Romains s'en aperçoivent bientôt ; les idées philosophiques du stoïcisme peut-être, mais surtout du catholicisme, imposent l'idée d'une réforme nécessaire. L'esprit conservateur des anciens principes et la logique qui déduit les conséquences de ces principes s'y opposent. La lutte est longue. C'est d'abord la logique qui a tort ; les principes sont déviés, les exceptions se multiplient ; mais, au fond, la plupart des principes et des institutions subsistent jusqu'à Justinien. Il appartiendra à ce prince, et ce sera une de ses gloires, de briser enfin ces vieux moules, de faire table rase de ces institutions qui ne sont plus que des mots vides de sens.

DROIT FRANÇAIS

DE

L'EXTINCTION DE L'USUFRUIT

PRÉLIMINAIRES

L'article 544 du Code civil définit la propriété de la manière suivante : « La propriété est le droit de jouir et de disposer « des choses de la manière la plus absolue, pourvu qu'on « n'en fasse pas un usage prohibé par les lois ou par les « règlements. »

Jouir, dans le sens large auquel le législateur s'attachait ici, de l'avis de tous les jurisconsultes, c'est d'abord :

Se servir de la chose, l'employer à un usage qui puisse se renouveler ;

C'est aussi percevoir les fruits, c'est-à-dire, les produits périodiques que le père de famille le plus diligent peut recueillir sans craindre de détériorer sa chose ;

Disposer, c'est faire de la chose un usage définitif qui ne se renouvellera pas, au moins pour la même personne, la transformer, la consommer, la transmettre à un autre.

La propriété peut donc aujourd'hui, comme à Rome, s'analyser en trois éléments essentiels : *Usus, fructus et abusus.*

Cette analyse de la propriété et la considération des avantages divers que procure chacun de ces éléments du droit, devaient nécessairement donner l'idée des démembrements de la propriété, c'est-à-dire, des situations dans lesquelles un individu avait en qualité d'usager le *jus utendi;* seulement, ou bien sous le nom d'usufruitier, le *jus utendi et fruendi*, tandis que le propriétaire ne conservait qu'un droit amoindri, le *jus fruendi et abutendi*, si le démembrement constituait un droit d'usage, et rien que le *jus abutendi*, le droit de disposer, si le démembrement constituait un droit d'usufruit. En cette dernière hypothèse, le droit du propriétaire est si restreint, qu'on a pu dire : c'est une propriété entièrement dépouillée de ses avantages — une propriété nue.

Tels sont les démembrements primitifs de la propriété chez les Romains (pr. *Inst. lib.* 2, *tit.* 4, *de usufructu;* — L. 2, pr. D *de usu et hab.*, 7-8). On retrouve dans le droit moderne ces mêmes démembrements. La notion de l'usufruit n'a pas changé. L'article 578 du Code civil traduit presque littéralement la définition qu'en donnent les Institutes.

Celle de l'usage, au contraire, fut modifiée. On s'aperçut que, dans plus d'un cas, le simple usage d'une chose n'avait que peu ou point d'utilité et « l'usage devint, en fait et contrairement à sa nature, un petit usufruit mesuré sur les « besoins du titulaire. » (V. Accarias, t. I, p. 626, 1re édit.) C'est avec ce caractère nouveau que le droit d'usage a passé dans notre Code (630).

A côté de ces démembrements de la propriété et de ceux de même genre, comme l'habitation, il y en a d'autres : on avait observé que les trois éléments principaux de la propriété pouvaient se subdiviser, spécialement lorsqu'il s'agit de fonds de terre. Ainsi l'usage comprend le droit de passer soit seul, soit avec des troupeaux, le droit d'appuyer une construction ; le droit de recueillir les fruits comprend celui de faire paître les troupeaux ; le droit de disposer comprend celui de faire des chemins, d'extraire du sable ou de la chaux. De là une deuxième série de démembrements de la propriété. En disant deuxième, nous ne prétendons pas indiquer l'ordre du développement historique. Tous ces démembrements remontent à la plus haute antiquité et il est impossible de dire si l'une des séries a précédé l'autre.

Quoi qu'il en soit, les Romains, observant que ces droits, précisément parce qu'ils sont des démembrements de la propriété, restreignent les privilèges dont jouit habituellement le propriétaire, les confondaient tous sous le nom commun de servitudes. Puis, pour distinguer les deux classes de servitudes ils appellaient servitudes personnelles celles de la première série, parce qu'elles sont, comme nous allons le voir bientôt, détachées au profit d'une personne et servitudes réelles, les autres, parce qu'elles sont détachées au profit direct d'un fonds (L. 1, D. *de serv.*, 8-1).

Les rédacteurs du Code civil, dans la crainte de réveiller le souvenir de la féodalité, ont cru devoir éviter complètement l'expression de servitudes en parlant des servitudes personnelles et ne l'ont employée qu'avec une certaine réserve lorsqu'il s'agissait des servitudes réelles.

Peut-être leurs scrupules n'étaient-ils pas exagérés en 1804; en tous cas, il est certain que leur intention n'a pas été de changer ce qui est dans la nature même des choses : à savoir que les servitudes personnelles et les servitudes réelles sont des démembrements de la propriété, par conséquent des droits de même nature, c'est-à-dire réels, comme la propriété elle même (1) (A. et R., t. 2, p. 462; — Demol. t. X, n° 209 à 211, p. 168 et s.)

A côté de ces caractères communs aux servitudes person-

(1) L'identité de nature entre l'usufruit et les servitudes nous conduirait entre autres à soutenir que l'usufrutier ne peut contraindre un propriétaire à faire les grosses réparations (605). On sait d'ailleurs combien cette question est controversée. (Demol., t. X, p. 495, n° 583).

nelles et aux servitudes réelles, il y a entre ces deux classes de droits des différences importantes.

Les deux différences les plus considérables ne sont en quelque sorte que des différences de fait ; mais elles engendrent de nombreuses différences de droit :

1° Nous avons dit déjà que l'usufruit, l'usage et l'habitation sont détachés au profit direct d'une personne, tandis que les autres démembrements sont détachés au profit direct d'un fonds. Cela tient à ce que les premiers de ces droits sont utiles à toute personne, qu'elle soit elle-même propriétaire ou non d'un fonds ; au contraire, les seconds n'ont habituellement d'utilité que pour ceux qui sont propriétaire, d'un autre fonds, et pour l'agrément, l'usage ou l'utilité de ce fonds (637).

2° (1) La servitude personnelle est un démembrement beaucoup plus important que la servitude réelle. Tandis que les services fonciers ne causent pas habituellement au fonds qui y est soumis une gêne bien grande, l'usufruit, au contraire, apporte à la propriété les restrictions les plus gênantes.

Lorsque l'usufruitier bénéficie seul de tout l'usage et de tous les fruits, que reste-t-il donc au nu-propriétaire? Le droit de disposer, le *jus abutendi* ? Pas même, car il ne peut transformer la chose soumise à l'usufruit ni à plus forte raison la détruire.

Il peut la vendre ; mais, dans une semblable situation, il trouvera difficilement un acheteur ; ou bien on lui imposera de dures conditions.

Cette division de la propriété n'empêchera pas seulement la libre aliénation du bien ; elle entravera l'administration. Le nu-propriétaire hésitera à faire des frais sur ce bien dont il peut être privé longtemps encore ; enfin des conflits, des procès éclateront fréquemment entre ces deux adversaires

(1) Dans les développements, qui vont suivre nous aurons surtout en vue l'usufruit. Le législateur s'en est principalement occupé à raison de son importance.

dont l'un est toujours disposé à trouver qu'on dégrade son bien, et l'autre qu'on entrave sa jouissance par des réparations inutiles ou intempestives.

Les idées que nous venons d'exposer devaient disposer le législateur assez peu favorablement pour l'usufruit ; l'influence de cette défaveur sur les causes d'extinction de l'usufruit est très sensible.

Déjà le législateur romain disait : « *Ne tamen in universum* « *inutiles essent proprietates semper abscedente usufructu,* « *placuit certis modis extingui usumfructum et ad proprie-* « *tatem reverti* », (§ 1, *Inst., de usufructu et hab.*, 2. 4), et ailleurs, précisant mieux encore sa pensée : « *corruptionem usufructus multiplicem esse placuit* (16 *eod., de usuf. et hab.*) : il faut multiplier les causes d'extinction de l'usufruit.

Aussi, à côté des modes d'extinction qui s'appliquent à l'usufruit comme à tous les droits (1), le non-usage pendant trente ans (617, 4 al. ; — 706-2262, C. c.), l'expiration du temps ou terme extinctif (617, 2me al.) ; — la perte totale de l'objet du droit (617, 5me al. ; — 703-1234) la renonciation (argt. 621-622).

A côté des modes d'extinction qui s'appliquent à l'usufruit parce que c'est un droit réel, la prescription acquisitive (2265 et s.-2279) la résolution du droit du constituant (2125) ;

A côté du mode d'extinction qui s'applique à l'usufruit comme aux services fonciers parce que les uns et les autres sont des démembrements de la propriété, la consolidation (617, 3me al. ; — 705).

Il y a des modes d'extinction propres à l'usufruit : la mort du titulaire du droit (617, 1er al.) et l'abus de jouissance (618).

En outre, lorsqu'une des causes d'extinction empruntée au droit commun ou à des principes généraux est appliquée à l'usufruit, elle est parfois un peu arbitrairement modifiée dans sa réglementation à raison de la défaveur qui s'attache à la servitude personnelle.

(1) Il faut toutefois réserver les questions que soulève l'application de l'article 2262 au droit de propriété.

Faire ressortir ces règles exceptionnelles devra être l'un des principaux buts de cette étude.

Les causes d'extinction de l'usufruit, bien différentes par la manière dont elles se produisent, se distinguent encore souvent par leurs effets. Les uns éteignent complètement le droit, les autres peuvent ne produire qu'une extinction partielle : « *Excepta capitis deminutione, vel morte, reliquæ causæ pro parte interitum ususfructus recipiunt* », disaient les jurisconsultes romains (L. 14, D. *quib. mod. ususf, amitt.* 7-4). Cette formule n'est pas parfaitement exacte, il faudra examiner chacun des modes d'extinction à ce point de vue.

De même tous les modes d'extinction de l'usufruit ne s'appliquent pas également bien au quasi-usufruit, c'est-à-dire à l'usufruit établi sur les choses qui n'ont d'utilité que par leur consommation (587). Notre attention devra encore se porter sur ce point.

Mais, à côté de cela, l'extinction de l'usufruit de quelque manière qu'elle se réalise, produit presque toujours certaines conséquences fort importantes et qui peuvent être groupées ensemble parce qu'elles sont à peu près identiques.

Ces idées nous ont déterminé à adopter la division suivante.

PARTIE Ire

DES CAUSES D'EXTINCTION DE L'USUFRUIT.

CHAPITRE I

CAUSES PROPRES A L'USUFRUIT

Section I. — *Mort de l'usufruitier.*

Section II. — *Abus de jouissance.*

CHAPITRE II

CAUSES SE RATTACHANT A L'IDÉE DE DÉMEMBREMENT DE LA PROPRIÉTÉ

Section unique. — *Consolidation.*

CHAPITRE III

CAUSES DÉRIVANT DE LA RÉALITÉ DU DROIT

Section I. — *Résolution du droit du constituant.*
Section II. — *Prescription de dix à vingt ans.*

CHAPITRE IV

CAUSES APPLICABLES A TOUS LES DROITS

Section I. — *Non-usage pendant trente ans.*
Section II. — *Perte totale de l'objet soumis au droit.*
Section III. — *Expiration du temps.*
Section IV. — *Renonciation.*

PARTIE II

CONSÉQUENCES DE L'EXTINCTION DE L'USUFRUIT

CHAPITRE I

CONSÉQUENCES DIRECTES OU ENTRE LES PARTIES

CHAPITRE II

CONSÉQUENCES INDIRECTES, C'EST-A-DIRE A L'ÉGARD DES TIERS

Les règles sur ces matières étant en général, déduites d'idées assez rationnelles et inhérentes à la nature de l'usufruit, notre législateur s'est inspiré souvent du droit romain si rationnel lorsque, comme en cette matière et en celle des obligations, le point de départ n'est pas dévié par suite d'idées politiques ou préconçues. Nous aurons donc plus d'une fois encore à citer les textes latins. Il ne faudrait pas toutefois conclure de cette dernière remarque que les règles sur l'extinction de l'usufruit ne soulèvent pas de difficultés, cette matière est, au contraire, remplie de controverses dont l'exposé nous a contraint de faire aux auteurs plus d'emprunts que nous n'aurions voulu.

PREMIÈRE PARTIE

DES CAUSES D'EXTINCTION DE L'USUFRUIT

CHAPITRE I

CAUSES PROPRES A L'USUFRUIT

SECTION PREMIÈRE

Mort de l'usufruitier.

L'article 617 commence ainsi : « L'usufruit s'éteint par la « mort naturelle et par la mort civile de l'usufruitier. »

Cette règle n'est pas nouvelle. On lit, en effet, dans le *Traité du douaire* de Pothier (n° 247).

« L'usufruit de la douairière s'éteint par toutes les manières « dont s'éteint celui de tous les autres usufruitiers : 1° par « la mort naturelle ; 2° par la mort civile..... », et bien avant Pothier, les Romains avaient dit : « *Finitur autem ususfructus* « *morte fructuarii et duabus capitis deminutionibus maxima* « *et media.....* » (§ 3, *Inst. de usufr.*, 2-4).

Il ne faut faire aucune distinction dans l'application de la règle : la loi n'en fait pas ; peu importe donc que l'usufruitier vienne à mourir quelques jours ou même quelques heures après la constitution de l'usufruit ! Peu importe, que ce soit une mort naturelle ou une mort accidentelle ! Peu importe, que l'usufruit ait été constitué à titre gratuit, ou à titre onéreux; s'il est à titre onéreux, le propriétaire qui recouvre immédiatement l'usufruit, tout en gardant le prix qu'il en a reçu, réalise peut-être un bénéfice considérable, mais il pouvait perdre, si l'usufruitier avait vécu fort longtemps; il a fait un contrat aléatoire dont le gain s'est trouvé pour lui; il n'y a là rien que de très légitime.

D'après le Code civil, la règle s'appliquait également, lorsque l'usufruitier subissait la mort civile; mais il n'en est plus ainsi, puisque la loi du 31 mai 1854, a supprimé la mort civile.

Quant à l'usufruit établi en faveur d'une commune ou d'un établissement public, il est bien certain qu'il serait éteint, si cette commune, ou cet établissement public cessait d'exister légalement. La suppression de l'établissement public c'est, en quelque sorte, sa mort : « *ideoque,* » disait Modestin, *quasi morte desinit habere usumfructum* (L. 21, D., *quib., mod., ususf., amitt.* — Proudhon, t. I, n°s 330, 331. — Duranton, t. IV, n° 664. — Zachariæ, t. II, p. 23).

Mais cette disparition est fort rare; en général, les personnes morales ne meurent pas ou tout au moins vivent des siècles; c'est un des gros griefs qu'on a contre elles; on ne pouvait pas laisser l'usufruit subsister indéfiniment à leur profit au grand détriment des nus-propriétaires.

Il fallait donc établir que dans ce cas l'usufruit s'éteindrait de lui-même, après un certain délai et avant la mort. Mais quel devait être ce délai?

Les jurisconsultes romains n'étaient pas d'accord. Tandis que Gaius voulait que cet usufruit pût durer cent ans, terme le plus long de la vie humaine selon lui; « *quia is finis vitæ* « *longævi hominis est* » (L. 8, D., *de usufr.*, 33-2), Ulpien, au contraire, pensait qu'il devait s'éteindre au bout de trente ans de durée, parce que c'était la moyenne de la vie (L. 68, D. *ad legem Falcidiam,* 35-2).

Notre ancien droit avait suivi la doctrine de Gaius (Lacombe, *Usufruit,* sect. VI, n° 7). Dans notre législation on a adopté l'opinion d'Ulpien. « L'usufruit qui n'est pas accordé à des « particuliers ne dure que trente ans » (619).

L'application de cet article peut soulever une difficulté : lorsque le délai de trente ans est expiré, et que le nu-propriétaire ne réclame pas son droit, le nu-propriétaire sera-t-il considéré comme ayant fait tacitement la concession d'un nouvel usufruit (argt. 1738), qui s'éteindrait par un nouveau délai de trente ans ?

Non, une semblable concession, qui serait nécessairement gratuite, ne peut-être sous-entendue, attendu que les libéralités et les renonciations ne se présument pas. L'article 1738 est tout spécial au bail, contrat vu avec faveur par le législateur et ne peut, par conséquent, être étendu à l'usufruit ; seulement la personne morale a pu compter, en voyant l'inertie du nu-propriétaire, qu'il la laisserait jouir encore plus ou moins longtemps ; des délais raisonnables devront lui être accordés pour la restitution, sauf à elle à fournir une indemnité s'il y a lieu (V, P. 2, chap. I).

Pour terminer sur les personnes morales, notons encore qu'il ne faut pas confondre avec un usufruit, le legs annuel d'une certaine somme ou d'une certaine quantité de denrées. Un pareil legs n'a aucun des inconvénients d'un legs d'usufruit, même laissé à une personne morale, il pourrait être perpétuel (Proudhon, t. I, p. 408, n° 331. — A. et R., t. 2, p. 509, § 234, n. 5 ; — Laurent, t. 7, n° 53, p. 67, f. 68).

Il reste encore une question sur l'article 619. Cet article est-il impératif, c'est-à-dire, est-il interdit au constituant, d'établir au profit des personnes morales, un usufruit devant durer plus de trente ans ? Mais cette question peut être posée d'une manière plus générale : Est-ce que toutes les règles sur la cause d'extinction de l'usufruit que nous étudions en ce moment, sont impératives ? ou ne sont-elles qu'interprétatives de la volonté des parties ? Presque toutes les explications qui doivent être données dans cette section, doivent être rattachées à l'étude de cette question. Malheureusement, les auteurs se sont divisés sur la solution à lui donner.

MM. Du Caurroy, Bonnier et Roustain (*Comm. théor. et prat. du Code civil.* t. 2, n° 220), enseignent sans hésitation, que le principe de l'extinction par la mort, est une règle interprétative de la volonté des parties.

La volonté présumée des parties étaient, disent-ils, le fondement de la règle en droit romain (LL. 12, 14, 15, C. *de usuf. et hab.*, 3, 33).

Il ne doit pas en être différemment aujourd'hui. En effet, aujourd'hui encore, l'usufruit est constitué *intuitu personæ*, qu'il soit établi par la loi ou constitué par la volonté de l'homme.

Par la loi, c'est en raison de la qualité de père du mineur de dix-huit ans (384) ou du *de cujus* (754), bientôt peut-être à raison de la qualité de conjoint du *de cujus*.

Par la volonté de l'homme, c'est très souvent par donation ou testament (899) et même lorsque c'est par une convention à titre onéreux, la loi suppose habituellement qu'il y a, de la part du constituant, une considération particulière de la personne de l'usufruitier (918-1401). On ne se prive pas d'un droit aussi considérable que l'usufruit sans un motif, et ce motif n'est presque jamais une spéculation ; les chances de perte sont trop grandes pour le constituant. Or, c'est précisément parce qu'il est constitué *intuitu personæ* que l'usufruit est viager, ce n'est donc qu'une interprétation de la pensée du constituant.

Par conséquent, l'application des articles 617 et 619 pourra être écartée par la volonté des parties ; la forme employée par l'article 617 ne s'y oppose nullement. On pourra donc constituer un usufruit qui se prolongera au-delà de la mort civile ou naturelle de l'usufruitier et se transmettre à ses héritiers, ou si l'usufruitier est une personne morale, un usufruit qui durera plus de trente ans. « Toutefois, pour ne pas ressusciter l'an-
« cienne distinction du domaine direct et du domaine utile,
« il ne faut pas permettre que l'usufruit reste trop longtemps

« séparé de la nue-propriété..... nous pensons donc que la « plus longue durée de l'usufruit doit être comme celle de « l'emphytéose de quatre-vingt-dix-neuf ans. » (Loi du 29 déc. 1790, tit. 1, art. 1, p. 148, Du Caurroy Bonnier et Roustain, *op. cit.*)

M. Demante (*Cours analyt.*, t. 2, p. 544), semble admettre le même point de départ que MM. Du Caurroy, Bonnier et Roustain, mais avec quelques tempéraments.

Il dit bien : « L'usufruit est un droit attaché à la personne qui ne doit pas se transmettre aux héritiers ; » mais il hésite à dire pourquoi la loi a voulu que ce fût un droit attaché à la personne. « J'incline à penser, dit-il, que la règle du Code « n'est pas absolue; que l'on pourrait, en interprétant le titre « constitutif, y trouver l'intention de faire survivre l'usufruit « à la mort civile et que l'on devrait alors s'attacher à cette « intention. » Sans doute il faudrait également s'attacher à l'intention de faire survivre l'usufruit à la mort naturelle (V. 460 *bis*, I) ; donc l'usufruit peut être établi transmissible.

De plus, M. Demante ne va pas aussi loin que les auteurs cités ; notamment après avoir affirmé que l'usufruit ne doit pas dépasser quatre-vingt-dix-neuf ans, il ajoute : « Pourrait-« on même aller jusque-là et donner une durée aussi longue « à un droit viager comme l'usufruit l'est de sa nature ? Il « est permis d'en douter et je serais plus disposé à argumen-« ter de l'article 619 qui borne à trente ans (terme moyen de « la vie humaine) la durée de l'usufruit qui n'est pas accordée « à des particuliers pour renfermer dans cette même limite le « terme conventionnel (461 *bis*, II). »

Ce système nous paraît devoir être écarté même avec les tempéraments qu'y apporte M. Demante.

Il part, en effet, d'un point de vue faux : il n'est pas vrai que l'article 617 statue par interprétation de la volonté des parties, autrement on ne comprendrait pas pourquoi la mort civile met fin à l'usufruit, attendu que la mort civile n'a pas dû entrer dans les prévisions du constituant.

Nos adversaires le reconnaissent d'ailleurs, et ils disent que cela s'explique comme une imitation du droit romain ; de même que la *capitis deminutio* mettait fin à l'usufruit, de même la mort civile doit l'éteindre. Cette explication est insuffisante. Pourquoi le droit romain admettait-il l'extinction par *capitis deminutio?* Etait-ce aussi par interprétation de la volonté des parties ? Ce serait un aussi mauvais motif chez les Romains que chez nous ; car on n'a pas dû prévoir la *capitis deminutio*, et on n'a pas dû avoir l'intention de supprimer à tous événements l'usufruit quelle que fut la cause de la *capitis deminutio*. Pourquoi Domat (*Lois civiles*, liv. 1, tit. 2, sect. 6, n° 4) et Pothier (*loc. cit.*) appliquent-ils à la mort civile l'extinction par suite de *capitis deminutio?* Pourquoi notre Code civil reproduit-il aussi Domat et Pothier, s'il n'a pas d'autre motif que la présomption d'une volonté qui certainement n'a pas existé ?

On s'étonne de voir que la rente viagère se transmet aux héritiers au cas de mort civile (1982), alors qu'elle aussi a été constituée *intuitu personæ* et devant s'éteindre conformément à l'intention des parties par la mort mais par la mort naturelle seule (Du Caurroy, Bonnier, Roustain, n° 221, *op. cit.*); c'est précisément parce que l'article 1982 est interprétatif de la volonté des parties qu'il déclare la rente viagère éteinte par la mort naturelle et non par la mort civile, et si l'article 617 statue différemment, c'est qu'il n'a pas pour fondement la volonté présumée des parties.

M. Demante se condamne lui-même lorsqu'il dit : je serais assez disposé à ne pas admettre l'extinction par la mort civile, « s'il était dit dans le titre que l'usufruit est constitué pour « la vie » (460 *bis*, III). Mais cela étant admis, il faudrait toujours faire survivre l'usufruit à la mort civile, car ce membre de phrase « constitué pour la vie » est certainement toujours dans la pensée des parties, du moment qu'elles ne limitent pas la durée de l'usufruit par un terme, et les conventions tacites ayant la même valeur que les conventions exprimées, jamais l'usufruit ne devrait s'éteindre par la mort civile. Cependant, l'article 617 dit le contraire ; c'est donc que la volonté des parties n'est pas prise en considération, dans l'application de ce texte.

Les difficultés auxquelles ces systèmes particuliers aboutissent les condamnent aussi.

Tout le monde admet que l'usufruit ne peut pas durer perpétuellement, et, lorsqu'il n'est pas limité par la vie, il faut une autre limite. Remarquons, en passant, qu'il est assez singulier que le législateur n'ait pas songé à fixer cette limite.

Mais cela n'embarrasse pas beaucoup nos adversaires. MM. Du Caurroy, Bonnier et Roustain vont chercher cette limite dans la loi du 29 décembre 1790 sur l'emphytéose, et la fixent à quatre-vingt-dix-neuf ans. M. Demante répond avec beaucoup de raison : « Il est évident que les considérations « qui justifient la longue durée de l'emphytéose, consentie « ordinairement en vue de constructions, de défrichements, « ou autres grands travaux à opérer, n'ont point d'application à la constitution d'un usufruit ordinaire (462, II). »

Mais M. Demante, à son tour, est-il moins arbitraire, en limitant la durée de l'usufruit transmis à trente ans ? — L'article 619 prévoit un cas tout spécial, et il n'y a pas à en argumenter par analogie ; donc, puisque toute limite, autre que celle de la vie, est arbitraire, l'usufruit ne peut survivre au titulaire, car s'il survivait au premier, il pourrait survivre au deuxième, et en poursuivant ainsi, devenir perpétuel ; ce que personne n'admet (Genty, *de l'usufruit,* p. 213, n° 251).

D'où vient d'ailleurs cette idée d'une transmission d'un droit que l'on reconnaît naturellement viager ? (Demante. 461 *bis,* II, t. 2).

Du droit romain, dit-on. Certains adversaires de MM. Demante, Du Caurroy, Bonnier et Roustain sont prêts à le concéder (V. A. et R., § 228, n. 3 et 4, t. 2, p. 469). Cependant cela est au moins très contestable (V. Accarias, t. 1, p. 615 note 1). Mais, alors même que les Romains auraient admis la transmission et la quasi-perpétuité de l'usufruit, on en pourrait rien conclure au point de vue de la législation moderne, car on sait que les législateurs modernes ont eu, en matière de constitution de droits réels, des idées fort différentes de celles des Romains ; ils craignent peut-être à l'excès ces droits de longue durée qui superposent plusieurs droits de propriété sur le même domaine, et qui rappellent trop les souvenirs coutumiers et féodaux (638).

Est-il vrai, d'ailleurs, d'admettre comme le font MM. Du Caurroy, Bonnier et Roustain que l'usufruit ne doit être limité que pour ne pas ressusciter l'ancienne distinction du domaine direct et du domaine utile, ou, comme le fait M. Demante, parce que l'usufruit est un droit viager de sa nature ?

Non, et ceci nous amène à la véritable doctrine, au véritable motif de la loi.

L'usufruit, nous l'avons déjà dit, est un droit contraire au développement de la propriété. Les Romains, dont on parle tant, le disaient et c'est pour cela qu'ils multipliaient les causes d'extinction de l'usufruit (§ 1 f., *Inst., de usuf.* 2-4). Il était donc d'une bonne législation de le limiter dans sa durée. Or, pour le limiter il y avait deux moyens : Etablir un temps préfixe, un terme que l'usufruit ne pourrait jamais dépasser, ou bien en faire un droit viager. Entre ces deux partis le législateur romain, comme le législateur français, a choisi le deuxième pour plusieurs raisons.

a. — Parce que l'usufruit étant habituellement constitué *intuitu personæ*, il était naturel de le limiter à la durée de la vie de l'usufruitier, voilà la part du premier motif, part secondaire comme on voit.

b. — Par analogie de ce qui était décidé en matière de servitudes ; de même que les services fonciers sont naturellement perpétuels, parce que le fonds au profit duquel ils sont détachés ne meurt pas, de même l'usufruit est naturellement viager, parce que la personne au profit de laquelle il est détaché mourra quelque jour ; l'usufruit est un attribut, une qualité de l'usufruitier, comme la servitude est un attribut, une qualité du fonds dominant. Voilà comment et pourquoi on a pu dire que l'usufruit est, de sa nature, un droit viager, donc il ne peut en aucune manière être transmis.

La première méthode, fixation d'un délai préfixe, n'a été adoptée que lorsqu'il s'agissait des personnes morales (619; Demol., t. X, n° 244, 668, 670; — A. et R., t. 2, p. 468 § 228, n°s 3 et 4; — Laurent, t. 7, n° 51, p. 65; — Baudry-Lacantinerie, t. 1, n° 1165, p. 711).

Concluons de là : premièrement qu'on ne peut constituer un usufruit qui survivrait au titulaire et se transmettrait aux héritiers si l'usufruitier est une personne physique (617); deuxièmement, qu'on ne peut constituer un usufruit pour plus de trente ans, si le titulaire est une personne morale (619). Les articles 617 et 619 sont impératifs. Il est vrai que, dans ce système, il y a dérogation au principe de la liberté des conventions (1134); mais l'article 6 et l'article 1134 prévoient ces restrictions. On ne peut déroger par des conventions particulières aux lois qui intéressent l'ordre public; or, tout le monde admet que les lois organisatrices et protectrices de la propriété, surtout de la propriété foncière, intéressent l'ordre public : rien d'étonnant qu'il y ait en ces matières des restrictions à la liberté des conventions. D'ailleurs, tout le monde reconnaît que l'usufruit ne peut être constitué perpétuel; donc dans tous les systèmes il y a une restriction à la liberté des conventions.

On peut encore moins opposer l'article 1122. On est censé stipuler pour soi et pour ses héritiers; donc tout droit est naturellement transmissible et l'usufruit comme les autres, attendu que cet article continue : « à moins que le con« traire ne résulte de la nature de la convention »; or, nous croyons avoir établi que précisément la nature de la convention constitutive d'usufruit s'oppose à cette transmission.

Il ne faudrait pas, cependant, exagérer la portée du principe de la non-transmissibilité de l'usufruit.

Il ne fait pas obstacle à la constitution de l'usufruit sur plusieurs têtes avec reversibilité d'un usufruit sur un autre.

Cette reversibilité ou transmission se présente en deux cas :

1° Dans le premier, les usufruitiers doivent jouir successivement, c'est-à-dire que le premier titulaire jouira de l'usufruit entier jusqu'à sa mort et qu'en ce moment seulement s'ouvrira le droit du deuxième, qui fera obstacle à celui du troisième tant qu'il vivra et ainsi de suite ; seulement, il faut de toute nécessité qu'au moment de la constitution primitive de l'usufruit successif tous les futurs titulaires soient déjà nés ou au moins conçus, et capables de recevoir du constituant ; mais peu importerait qu'ils ne fussent pas capables de recevoir du précédent usufruitier ;

2° L'usufruit peut être constitué simultanément sur plusieurs têtes. Dans ce cas, plus évidemment encore, tous les usufruitiers doivent être au moins conçus au moment de la constitution de l'usufruit. Tous les usufruitiers jouissent ensemble. Seulement, lorsqu'un des usufruitiers meurt, l'usufruit est-il éteint pour sa part, ou réversible sur la tête des autres usufruitiers ?

C'est encore une question controversée. En droit romain, les textes s'occupent de la question, au cas où l'usufruit est constitué par un legs, cas ordinaire et décident alors que l'usufruit ne s'éteint pas partiellement, mais se transmet aux colégataires (L. 1, § 3, D. *de usuf. accres.*, 7-2, § 77, Fr. Vat.). La raison en est que l'usufruit n'est pas, comme la propriété, définitivement entré dans le patrimoine, puisqu'il n'est pas transmissible aux héritiers ; pour savoir si le legs est caduc, et s'il y a lieu à accroissement, il ne faut pas se placer seulement *eo tempore quo vindicatur*, mais à chaque jour qui renaît, et dès que le droit de l'un des usufruitiers est éteint par sa mort, il n'y a plus aucun obstacle au droit des colégataires d'usufruit qui recueillent le tout, que le legs eût été fait *conjunctim* ou *separatim*. — Tel est, suivant nous, le sens de la phrase célèbre : « *ususfructus* « *quotidie constituitur et legatur.....* » phrase obscure et qui a fréquemment exercé les commentateurs. Ainsi expliquée, elle ne fait pas seulement allusion à l'usufruit légué *in singulos dies*, elle conduit à admettre l'accroissement dans tous les cas de legs d'usufruit.

C'est encore à propos de cette même hypothèse du legs d'usufruit, qu'on discute la question. Bon nombre d'auteurs écartent la doctrine romaine, disant : lorsque l'usufruit a été recueilli, il n'y a pas caducité du legs; or, les articles 1044 et 1045 n'admettent l'accroissement, que lorsque le legs est caduc, donc pas d'accroissement de l'usufruit, mais extinction partielle (Bugn. sur Poth., t. 8, p. 325. — C. de S., t. 4, n° 199 *bis,* VIII. — Demol., t. XXII, p. 388 et 389 ; A. et R., t. 7, § 726, p. 540).

Nous croyons que la doctrine romaine est mieux fondée ; peu importe que le légataire ait joui quelque temps de l'usufruit ; au moment où ce légataire décède, le legs devient vacant, absolument comme s'il n'avait jamais été recueilli ; il est réellement caduc, il faut appliquer les règles sur la caducité des legs (1044-1045). Il est parfaitement exact de dire : l'obstacle qui empêchait le ou les survivants des usufruitiers de jouir de la totalité de l'usufruit ayant disparu, ces cousufruitiers doivent maintenant jouir de l'usufruit total. N'en est-il pas de même, et l'accroissement n'est-il pas admis même après acquisition de la propriété, lorsque l'un des bénéficiaires vient à disparaître après avoir recueilli sa part ? Par exemple, lorsqu'un héritier qui avait d'abord recueilli, est ensuite déclaré indigne, ou lorsque la condition résolutoire, sous laquelle un legs était fait, vient à se réaliser, ou encore au cas des articles 1046 et 1047 (Genty, *de l'Usufruit,* p. 31 et 32 ; — Marcadé, art. 1044, n° 5 ; — Troplong, t. IV, n° 2184. — Aix, 11 juillet 1838 ; S. 39-II-46).

Au cas où l'usufruit n'a pas été établi, par testament, nous croyons que la question est plus délicate et que rien n'autorise l'accroissement, il y a donc extinction partielle. Toutefois, les partisans de l'un et de l'autre système remarquent avec raison que la question de savoir s'il y a extinction partielle ou accroissement, doit se régler, avant tout, d'après l'intention des parties exprimée ou présumée en raison des circonstances (A. et R., *loc. cit.*, t. 2, p. 509). Le principe de non-transmission ne fait pas obstacle non plus aux cessions d'usufruit ; seulement ces cessions n'empêchent pas que le droit primitif ne reste fixé en la personne de l'usufruitier primitif de manière à s'éteindre avec lui.

Pour bien connaître les effets de cette cession il faut distinguer deux hypothèses :

1° Il y a eu cession de l'exercice du droit à titre gratuit ou onéreux, peu importe, le cessionnaire exercera le droit à la place de l'usufruitier; mais si celui-ci vient à mourir, l'usufruit s'éteindra, la cession n'aura plus aucune valeur. Si, au contraire, c'est le cessionnaire qui meurt, l'usufruit pourra se transmettre à ses propres héritiers ; il n'est, en effet, intransmissible qu'en tant qu'il est viager, et cette transmission aux héritiers du cessionnaire n'empêche pas qu'il soit viager par rapport à l'usufruitier primitif.

Si, au contraire, ce n'est plus une cession, mais un usufruit sur l'usufruit, ce à quoi rien ne s'oppose, le premier usufruit continue à s'éteindre par la mort du premier usufruitier et le deuxième usufruit s'éteint alors par contre-coup, *resoluto jure dantis resolvitur jus accipientis;* mais ce deuxième a lui-même ses causes propres d'extinction, la mort du deuxième usufruitier suivant le principe général; le deuxième usufruit est ainsi soumis à une double cause d'extinction, la mort du titulaire, conformément au premier alinéa de l'article 617, et un terme incertain fixé à la mort du premier usufruitier (Demol., t. X, n° 364).

De tout ceci il résulte que l'extinction de l'usufruit par la mort est toujours totale, sauf le cas d'accroissement ; nous avons dit déjà qu'il n'en est pas de même de tous les modes d'extinction.

Enfin il faut remarquer que l'action tendant à obtenir la constitution de l'usufruit s'éteint comme l'usufruit par la mort du créancier : « *non solum usumfructum amitti capitis minutione constat sed et actionem de usufructu.* » Reste une question :

Lorsqu'il y a contestation sur le point de savoir si l'usufruitier est réellement décédé, à qui incombe le fardeau de la preuve ? Pour répondre à cette question, il nous suffira de présenter les principes généraux en matière d'extinction des obligations. L'article 1315 est ainsi conçu : « Réciproquement celui qui se prétend libéré doit justifier le payement ou le fait qui a produit l'extinction de son obligation. » Par voie d'analogie, il nous semble juste de décider que c'est au nu-propriétaire qui se prétend dégrevé d'un droit d'usufruit,à prouver le fait qui produit sa libération, c'est-à-dire la mort de l'usufruitier. Cela nous paraît certain malgré le principe contraire établi en matière de rente viagère par l'article 1983. Dans ce cas, en effet, la rente viagère est considérée comme une série de créances que le créancier, propriétaire de la rente, ne peut réclamer qu'en justifiant de son existence ou de celle de la personne, sur la tête de laquelle la rente a été constituée. Cette solution est du reste, parfaitement d'accord avec les principes qui veulent que le demandeur prouve la justesse de sa prétention ; car, chaque fois qu'il réclame ce qui lui est dû, il est demandeur : c'est donc à lui à faire la preuve de sa créance : *onus probandi incumbit actori.* L'usufruitier, au contraire, une fois l'usufruit constitué, n'a rien à demander au nu-propriétaire, il possède dans son patrimoine ce droit d'usufruit et lorsque le nu-propriétaire veut réclamer la jouissance, il est demandeur et cherche à opérer un changement dans l'état de choses existant ; c'est donc à lui à faire la preuve. Telle est l'opinion de MM. Demolombe (t. X, n° 676, p. 588), Laurent (t. 7, n° 50, p. 651) et Duranton (t. 4, n° 618).

SECTION DEUXIÈME

ABUS DE JOUISSANCE

Les anciens interprètes du droit romain croyaient que cette cause d'extinction de l'usufruit était admise par le paragraphe 3 (*Inst., de usuf.*, 2, 4), ainsi conçu : « *Finitur autem* « *ususfructus..... et non utendo per modum et tempus.* »

Suivant eux, à côté de l'extinction *non utendo per tempus*, extinction par non-usage, il y avait l'extinction *non utendo per modum*, ou extinction par abus de jouissance, ou plutôt par un usage différent de celui autorisé. — Aujourd'hui, interprétant ce passage par d'autres, notamment par les paragraphes 28 et suivants (Paul, *Sent.*, 3, 6), on admet que ces expressions *per modum et tempus* ne font allusion qu'à l'extinction par le non-usage. Mais cette fausse interprétation avait entraîné la plupart des jurisconsules (V. Rousseau, Delacombe, V° *usufruit*, sect. 6, n° 18 ; — Renusson, *des donations*, chap. XII, n° 21 ; — Merlin), *Rép.*, V° *usufruit*, § 5, art. 4) et même quelques coutumes (Cout. d'Anjou, art. 317 ; — du Bourbonnais, art. 264). C'est ainsi que s'est introduite dans notre droit l'extinction par abus de jouissance. Cette explication pourrait peut-être suffire à un historien ; mais un jurisconsulte ou celui qui aspire à le devenir doit rechercher comment on peut justifier cette cause d'extinction au point de vue rationnel et scientifique et au point de vue de la justice.

1° Au point de vue rationnel et scientifique d'abord ?

M. Demolombe l'explique par le principe de la condition

résolutoire : « L'usufruitier n'ayant le droit de jouir que sous « la condition de conserver la substance et de se montrer « bon père de famille, il est logique que son droit se trouve « résolu, lorsqu'il viole la condition sous laquelle seulement « ce droit lui a été concédé » (Arg^t des art. 954 et 1184, t, X, n° 716). M. Demolombe n'applique pas ici directement l'article 1184, mais un principe analogue ; il sous-entend ici une condition résolutoire comme on en sous-entend une dans les contrats synallagmatiques. On ne peut donc lui reprocher, comme le fait M. Laurent (t. 7, n° 79), d'étendre à la matière des droits réels un article qui ne s'occupe que des obligations. Le véritable reproche qu'on peut lui faire c'est de mettre en avant l'hypothèse d'une condition résolutoire sous-entendue, hypothèse qui n'est appuyée sur rien, spécialement dont nous ne trouvons aucune trace dans les précédents historiques à la différence de l'article 1184.

Nous croyons que le législateur n'a pas cherché un fondement rationnel à cette disposition. Il a trouvé dans les anciens auteurs une cause d'extinction de l'usufruit, à titre de peine pour l'usufruitier qui jouit mal ; cette institution répondait bien au peu de faveur qu'il a pour l'usufruitier en général, au désir qu'il a de multiplier les causes d'extinction de l'usufruit et il a remplacé la sanction habituelle des dommages-intérêts par une autre : l'extinction de l'usufruit sans préjudice quelquefois de dommages-intérêts. Conséquence : cette disposition de l'article 618 est tout à fait exceptionnelle, à certains égards exorbitante, aussi ne saurait-elle être étendue, ne doit-elle être appliquée que pour des faits graves, et, moins que tout autre, elle devait porter atteinte au droit des créanciers de l'usufruitier.

2° Au point de vue de la justice ?

C'est une peine bien grave que cette extinction de l'usufruit par abus de jouissance, c'est véritablement enrichir le nu-propriétaire au détriment de l'usufruitier. Aussi Pothier n'admettait pas que cette disposition pût être étendue aux coutumes qui ne s'en étaient pas expliquées (*Du Douaire*. nº 262) et proposait de plus des tempéraments qui ont été reproduits par l'article 618; enfin il est évident qu'une semblable disposition ne peut opérer de plein droit. Il faut qu'un tribunal prononce et nous allons voir, en entrant maintenant dans le détail, que les tribunaux ont, en cette matière, d'assez larges pouvoirs; nous rechercherons successivement : 1° quels sont les cas où s'applique l'extinction par abus de jouissance; 2° quelles sont les différentes mesures que peut prendre le tribunal en appliquant l'article 618 ; 3° quels sont les droits des créanciers de l'usufruitier.

§ I.

1° Quant aux faits qui peuvent entraîner l'extinction, le premier aliéna de l'article 618, pose le principe dans les termes suivants : « L'usufruit peut aussi cesser par l'abus que l'usu-
« fruitier fait de sa jouissance, soit en commettant des dé-
« gradations sur le fond, soit en le laissant dépérir faute
« d'entretien. »

Quatre remarques sur ce texte :

PREMIÈRE REMARQUE. — Le mot « *peut* », employé par le législateur, et un certain vague laissé dans les termes impliquent que les juges ont une grande liberté pour apprécier les faits ; — on peut citer, à titre d'exemple, la démolition des bâtiments, la dévastation des hautes futaies, la suppression d'une vigne qu'on aura transformée en un champ.

En pratique, on s'est demandé si l'aliénation du bien, objet de l'usufruit, donnait lieu à révocation du droit. Au premier abord, il semble qu'on peut dire : il n'y a pas abus de jouissance car « il n'y a aucune dégradation du fonds » ; au point de vue du texte on aurait raison; mais nous pensons qu'il est tout à fait dans l'esprit du législateur d'admettre l'extinction, attendu que le législateur a voulu que le nu-propriétaire ne fût pas exposé à perdre son droit par le fait de l'usufruitier ; or la vente par l'usufruitier peut mettre l'acquéreur *in causa usucapiendi*, elle expose donc le droit du nu-propriétaire (2279-2265 et s.) (Cf. Bordeaux, 19 av. 1847, S. 48-2-183; — Proudhon, t. 5, n° 2422; — Demol., t. X, n° 719; Laurent, t. 7, n° 82).

DEUXIÈME REMARQUE. — L'article ne fait aucune différence entre la faute *in committendo*, c'est-à-dire, la faute résultant d'un fait actif, et la faute *in omittendo*, ou dégradation résultant du défaut de soin de l'usufruitier ; l'une et l'autre peuvent donc entraîner la déchéance. Il n'y a de même aucune distinction à faire entre la faute intentionnelle ou dol et la faute non intentionnelle ou négligence. — L'article 618 est donc également applicable en tous ces cas; seulement l'application de cet article comporte des gradations (3e alinéa) : la déchéance absolue ne doit être prononcée que pour des faits excessivement graves, en général, faits actifs et dolosifs.

REMARQUE TROISIÈME. — Le texte ne dit pas si l'abus de jouissance doit être personnel à l'usufruitier, ou s'il peut être le fait d'un tiers gérant la chose, en son nom. Il faut décider que l'extinction par abus de jouissance étant une règle contraire au droit commun et une sorte de peine, le fait personnel de l'usufruitier pourra seul l'entraîner.

Cette solution conduit à dire que, lorsque c'est un fermier qui commet les abus de jouissance, le droit de l'usufruitier n'est pas atteint; seulement l'usufruitier qui est tenu de rendre la chose non déteriorée pourra être condamné à des dommages-intérêts sauf son recours contre son fermier.

La question est plus délicate, lorsque c'est un mineur qui est usufruitier, et que son tuteur commet des abus de jouissance.

Proudhon (t. 5, nos 2455 et s.) fait, pour ce cas, une distinction entre la *culpa in omittendo* et la *culpa in committendo*. Quand il y a *culpa in committendo*, dit-il, le mineur titulaire de l'usufruit peut bien être tenu de réparer le dommage, mais comme la déchéance prononcée contre lui serait une peine qui atteindrait un innocent, on ne peut la lui infliger, le fait dommageable est un fait personnel qu'on ne peut lui reprocher. Sa décision est tout autre, quand il y a *culpa in omittendo*. Voici ce qu'il dit :

« La raison de cela, c'est que la faute d'omission n'est le « fait de personne, puisqu'elle n'est qu'une chose négative « et ne consiste que dans l'absence de tout fait. Si donc elle « est imputable à quelqu'un, ce n'est que par la raison qu'on « a manqué à un devoir, en ne faisant pas ce que l'on devait « faire ; elle est donc toujours imputable à celui auquel le « devoir était imposé, puisqu'il était tenu de l'accomplir et « ne l'a pas fait : or, l'usufruitier, quelle que soit sa qualité, « ne peut cesser d'être personnellement tenu d'entretenir le « fonds, puisqu'il n'a reçu la jouissance que sous cette con- « dition ; donc le propriétaire peut toujours s'en prendre à « lui pour demander la résolution de son droit, quand la « condition d'entretenir et de réparer n'a pas été remplie. »

Proudhon conclut, en disant que dans l'hypothèse d'une telle faute, la déchéance pourra être prononcée contre le mineur. Nous ne saurions admettre, pour notre part, cette distinction, car bien qu'il y ait non pas fait, mais abstention de la part du tuteur, nous considérons cela comme un fait personnel, qu'on ne peut imputer qu'à lui seul, fait négatif, il est vrai ; mais il est certainement plus grave de voir un tuteur abandonner l'administration d'un bien sujet à usufruit, que de le voir en abuser d'une façon quelconque. Dans tous les cas, le mineur ne pourra jamais être déchu, soit qu'il y ait négligence du tuteur, soit qu'il y ait acte nuisible de sa part. Les fautes de négligence sont beaucoup plus nombreuses que les fautes d'actions. L'administrateur sera plus coupable, et parce qu'il sera plus coupable, c'est sur le pupille que vous ferez retomber la peine ! Nous ne pouvons admettre une pareille théorie, et nous ne pensons pas qu'on puisse jamais entendre un tribunal prononcer la déchéance d'un mineur dans une hypothèse semblable. Il est vrai que l'auteur dont nous combattons la doctrine, ajoute que le mineur aura un recours contre le tuteur ; mais, s'il en était ainsi, il pourrait être victime de la faute du tuteur dans le cas où celui-ci serait insolvable.

Nous préférons la doctrine de M. Laurent qui n'admet en aucun cas que le fait du tuteur puisse entraîner extinction du droit du pupille et qui, relativement à l'action en indemnité, distingue suivant le cas où le tuteur a commis une faute ou un dol. Dans le premier cas, le mineur est tenu, dit-il, par application de la règle que le fait du tuteur est le fait du mineur ; dans le second cas, le tuteur est seul personnellement tenu (t. 7, p. 100, nº 82).

REMARQUE QUATRIÈME. — Enfin le texte laisse également indécise la question de savoir si l'extinction par abus de jouissance s'applique au quasi-usufruit ?

Il est certain en principe que toutes les fois qu'un usufruit portera sur des choses dont on ne peut faire usage qu'en les consommant, l'abus de jouissance ne se comprend pas, puisque l'usufruitier devenu propriétaire a le droit de disposer sauf restitution d'une quantité égale à la fin de l'usufruit (587, Proudhon t. 5, p. 219). Mais lorsqu'il s'agira d'argent, telle n'est pas notre opinion ; car l'argent ne se détruit pas, il se place ; celui donc qui emploie mal l'argent sur lequel a été constitué l'usufruit peut être considéré comme un usufruitier qui commet des abus de jouissance sur un fonds ou une chose et, par conséquent, les juges pourront lui enlever soit le maniement de ces sommes complètement ou déclarer qu'elles seront remises entre les mains du nu-propriétaire qui les placera lui-même, à la condition de servir une rente à l'usufruitier, jusqu'au moment où l'usufruit prendra fin. Nous prendrons pour exemple le cas où un usufruitier de capitaux, qui après son entrée en jouissance, mais avant l'échéance du remboursement de sommes placées, garanties par des privilèges ou hypothèques, aurait, après avoir retiré ces sommes, fait des placements sur simples billets sous signatures privées et dépourvus par conséquent de garanties. C'est l'hypothèse qui a motivé un arrêt de rejet du 21 janvier 1845 (Dall. 1845, I, 104).

On pourrait peut-être tirer une objection de ce que, dans certains cas, l'usufruitier est obligé de fournir caution ; de sorte qu'il y aurait une garantie contre les mauvais placements faits par lui.

Nous répondrons qu'il y a d'abord des cas où l'usufruitier n'est pas obligé de fournir caution. En second lieu, nous ferons remarquer que dans le cas où l'usufruit porte sur des choses ordinaires, bien que l'usufruitier soit obligé de fournir caution et qu'il y ait légalement, une garantie cela n'a pas empêché le législateur de déclarer que l'usufruit s'éteindrait par abus de jouissance.

Nous admettons, cependant, que l'usufruitier se fasse rembourser avant l'échéance à condition qu'il opérera des placements préférables aux premiers. Il est certain que c'est là le mode de jouissance adopté par le bon père de famille, et l'usufruitier, dans l'espèce que nous proposons, avait absolument manqué à l'obligation qui lui était imposée de jouir en bon père de famille. Nous ne pouvons examiner l'arrêt en entier, nous avons voulu simplement donner un exemple à l'appui de notre solution.

§ II.

Etant admis qu'on se trouve dans le cas d'appliquer l'article 618, cette application pourra se faire de différentes manières. « Les juges peuvent, suivant la gravité des circonstances, « ou prononcer l'extinction absolue de l'usufruit, ou n'ordonner la rentrée du propriétaire dans la jouissance de l'objet « qui en est grevé, que sous la charge de payer à l'usufruitier, ou à ses ayants cause, une somme déterminée jusqu'à « l'instant où l'usufruit aurait dû cesser. » (618, alin. 3e.)

Ainsi donc les tribunaux peuvent choisir entre deux partis : l'extinction absolue, ou l'extinction avec compensation. Ils peuvent, d'ailleurs, dans l'un et l'autre cas, condamner l'usufruitier à des dommages-intérêts ; l'article 618 n'en parle pas, mais ces dommages-intérêts ont leur fondement dans l'article 1382.

L'extinction absolue, c'est la suppression pure et simple du droit d'usufruit sous aucune compensation pour l'usufruitier ; s'il éprouve quelque dommage, il ne peut s'en prendre qu'à lui-même ; pourquoi a-t-il abusé de sa jouissance ?

Cette extinction n'est pas une résolution, tout ce qu'il a perçu légitimement lui reste donc acquis. Nous disons, légitimement perçu, parce que les tribunaux devraient ordonner la restitution de tout ce que l'usufruitier aurait perçu sans droit ; cette restitution serait confondue avec les dommages-intérêts.

Puisqu'il n'y a aucune restriction dans la loi, l'extinction, même absolue, peut être prononcée aussi bien contre un usufruitier qui a fourni caution que contre celui qui en est dispensé ; aussi bien contre l'usufruitier dont le droit a été constitué à titre onéreux que contre celui qui a acquis gratuitement.

C'est précisément pour cela que l'extinction absolue peut paraître quelquefois trop rigoureuse, peut-être même injuste, et c'est surtout lorsque l'usufruit aura été constitué à titre onéreux, qu'il y aura lieu, pour les tribunaux, de ne prononcer l'extinction de l'usufruit et de ne prescrire la rentrée du nu-propriétaire en jouissance que sous la charge de payer à l'usufruitier ou à ses ayants cause une certaine somme jusqu'à l'époque ou l'usufruit se serait terminé.

Les ayants cause de l'usufruitier, ce sont ses créanciers ou son cessionnaire. Il ne saurait être question de ses héritiers, puisque l'usufruit prend fin de toute façon à la mort de l'usufruitier.

Entre ces deux partis extrêmes : l'extinction complète et l'extinction avec compensation, on peut en concevoir bien d'autres.

On pourrait maintenir l'usufruit, mais imposer à l'usufruitier des garanties nouvelles, une hypothèque par exemple, ou exiger une caution de l'usufruitier qui en était dispensé ; sans préjudice, bien entendu, des dommages-intérêts qui peuvent déjà être dus ; — mettre la chose grevée sous séquestre, et charger l'administrateur-sequestre de tenir compte des revenus à l'usufruitier ou prendre les autres mesures prescrites par l'article 602 ; — prononcer une déchéance partielle si les abus de jouissance reprochés à l'usufruitier ne portent que sur quelques-uns des biens grevés d'usufruit.

Les juges peuvent prendre ces différents partis ; l'esprit de la loi, le texte et le bon sens nous paraissent les y autoriser.

Ce que le législateur veut, c'est beaucoup moins punir l'usufruitier, que sauvegarder le droit du nu-propriétaire ; du moment que ce droit est protégé, le bon sens nous dit que le juge est libre. C'est aussi une maxime de bon sens que : qui peut le plus peut le moins ; or, toutes ces mesures sont moins graves que l'extinction absolue, et le texte ne s'oppose nullement à l'adoption d'un quelconque de ces partis. De plus, le vague de cette expression : « suivant la gravité des circonstances » doit nous faire décider que les tribunaux ont un pouvoir très vaste pour apprécier le parti qu'ils doivent prendre ; il ne peut donc y avoir lieu à cassation pour fausse application de la loi sur ce point.

Ces règles semblent ne présenter aucune difficulté ; cependant, on a prétendu que les tribunaux ne pouvaient prononcer une extinction partielle.

C'est, dit Proudhon, la nature de la faute qu'il faut considérer plutôt que l'étendue de l'objet sur laquelle elle porte.

On a ajouté que la possibilité d'une extinction partielle permettrait à l'usufruitier de faire certains calculs nuisibles au nu-propriétaire.

Parmi les choses soumises à l'usufruit, il peut s'en trouver qui, sans avoir de valeur venale et sans fournir un produit important à l'usufruitier, aient un intérêt d'affection pour le nu-propriétaire, et l'usufruitier fera ce raisonnement : puisque cette chose ne me rapporte rien ou presque rien, je vais la négliger, et si l'on demande la déchéance, puisque je jouis en bon père de famille des autres choses, on ne pourra me retirer que la possession de la chose abandonnée. Puis, si l'usufruitier néglige sucessivement plusieurs choses et qu'on prononce sucessivement plusieurs extinctions partielles, il y aura pour le nu-propriétaire des frais et surtout des ennuis que les dommages-intérêts ne pourront compenser. Enfin, on tire encore un argument d'analogie d'une autre matière : Lorsque le détenteur a par son fait diminué les sûretés, il perd le bénéfice du terme et n'est pas recevable à offrir au créancier d'autres sûretés, car ce dernier pourrait craindre, comme dans notre hypothèse, une nouvelle faute.

On peut répondre à tous ces arguments.

Proudhon nous semble envisager l'extinction pour abus de jouissance, avant tout, comme une peine ; or, même s'il était dans le vrai sur ce point, encore faudrait-il que la peine ne soit pas exagérée.

Les calculs que peut faire l'usufruitier peuvent toujours être déjoués par les tribunaux, puisque, s'ils voient dans ces calculs un préjudice pour le nu-propriétaire, ils peuvent prendre une autre mesure que celle d'une extinction partielle.

Enfin il n'y a pas d'analogie entre la solution de l'article 1188 et celle qu'on propose. Dans le cas de l'article 1188 la perte infligée au débiteur n'est pas habituellement très considérable, puisqu'il doit seulement payer de suite une dette qu'il aurait toujours dû acquitter à un moment donné, et la charge que lui impose la déchéance du terme est en partie compensée, parce qu'en attendant le terme il aurait payé des intérêts. Au contraire l'usufruitier déchu peut subir une perte nette considérable.

Au surplus, Dumoulin admettait déjà dans l'ancien droit une privation partielle et les législateurs semblent avoir connu et approuvé cette décision (V. notamment ce que dit Treilhard dans la discussion du deuxième alinéa de l'article 618, Locré, t. VIII, p. 243; — arrêt de rejet, 21 janvier 1845, D. 45, I-104; — Laurent, t. 7, p. 101, n° 84; — Demol., t. X, p. 677, n° 722; — A. et R., t. 2, p. 516).

§ III

Enfin il faut ménager les droits des créanciers de l'usufruitier, en tant, du moins, que cela ne peut faire du tort au nu-propriétaire : « Les créanciers de l'usufruitier peuvent intervenir dans les contestations, pour la conservation de leurs « droits ; ils peuvent offrir la réparation des dégradations « commises et des garanties pour l'avenir. »

Il est inutile d'insister sur l'intérêt qu'ont les créanciers à ce qu'une des sources de revenus de leur débiteur ne soit pas tarie. Voilà pourquoi ils peuvent, pour empêcher une collusion entre le nu-propriétaire et l'usufruitier et pour éviter qu'une extinction, qui n'est pas absolument nécessaire, soit prononcée, intervenir à l'instance, offrir des réparations pour le passé et des garanties pour l'avenir.

Malgré ces offres, le tribunal conserve-t-il un pouvoir d'appréciation et peut-il déclarer l'usufruitier déchu ?

Deux opinions ont été émises :

D'aprés Proudhon, il faudrait diviser les créanciers qui se présentent pour offrir la réparation du dommage et des garanties pour l'avenir en deux classes. Les juges ne pourraient prononcer la déchéance contre ceux des créanciers dont les droits seraient antérieurs à l'acte. Quant aux autres qui seraient devenus créanciers postérieurement à l'abus de jouissance, le tribunal pourrait ne tenir aucun compte de leur intervention.

Cet auteur fonde son opinion sur l'article 2092, aux termes duquel, quiconque s'oblige personnellement est tenu de remplir son engagement sur tous ses biens présents et à venir, donc notamment sur les usufruits qui peuvent lui appartenir; c'est un droit acquis pour les créanciers : le propriétaire qui, plus tard, est dans le cas de demander l'extinction de l'usufruit pour abus de jouissance, doit respecter ce droit acquis. De plus, puisque les créanciers proposent des garanties pour l'avenir, on doit préférer les créanciers au propriétaire, attendu que ce dernier ne souffrira aucun préjudice.

Malgré l'apparente justesse de ces arguments nous ne pouvons faire la distinction proposée par Proudhon. En effet, l'article 618 est la réunion des deux articles du projet (43 et 44); or l'article 44 était ainsi conçu : « Dans le cas de l'article précédent (43), les créanciers de l'usufruitier peuvent intervenir dans les contestations pour la conservation de leurs droits ; ils peuvent offrir la réparation des dégradations commises et des garanties pour l'avenir et les juges peuvent, suivant la gravité des circonstances, ou prononcer l'extinction absolue de l'usufruit ou n'ordonner la rentrée du nu-propriétaire dans l'objet qui en est grevé que sous la charge de payer annuellement à l'usufruitier, ou à ses ayants-cause, une somme déterminée, jusqu'à l'instant où l'usufruit aurait dû cesser » (Locré, t. VIII, p. 249). Il est évident que dans cette rédaction les juges conservaient le droit de prononcer l'extinction. Rien n'implique que la réunion des deux articles en un seul ait eu pour but de changer le principe.

En second lieu, quels sont en général les droits que peuvent exercer les créanciers? Ce sont les droits de leur auteur. Or, l'usufruitier n'aurait pas le droit de s'opposer absolument à l'extinction de l'usufruit, en offrant des garanties et la réparation du dommage; donc ses créanciers, qui n'ont pas plus de droits que lui, ne le peuvent pas ; il n'y a, par conséquent, pas lieu de distinguer entre les créanciers antérieurs et les créanciers postérieurs, l'extinction peut être prononcée malgré les offres des uns comme des autres (Demol., t. X, n° 725 ; — A. et R., t. 2, p. 516).

Ceci posé, il faut voir quel est l'effet de chacun des partis adoptés par les juges :

1° S'ils acceptent les offres, on dit qu'ils devront transporter la jouissance aux créanciers, attendu que c'est à peu près la seule garantie sérieuse pour le nu-propriétaire. Si, en effet, on se bornait à imposer une deuxième caution à l'usufruitier; si même les créanciers se portaient tous ensemble caution, le nu-propriétaire ne serait pas mieux garanti par ces nouvelles cautions, que par la première. — Cela ne nous paraît pas démontré; en étudiant le troisième alinéa, nous avons vu que les juges avaient les plus larges pouvoirs; rien ne prouve que ces pouvoirs soient moins étendus, parce qu'il y a des créanciers; les juges pourront accepter telles offres qui leur paraîtront suffisantes, même lorsqu'elles n'emporteront pas transfert de l'usufruit aux créanciers;

2° Si les offres sont repoussées, c'est que les juges veulent prononcer l'extinction. — Quelle influence cette extinction exerce-t-elle sur les droits des créanciers?

On a dit : l'extinction est prononcée d'une façon absolue, donc les créanciers perdent tous droits sur les biens soumis à l'usufruit, notamment les hypothèques qu'ils pourraient avoir. Nous distinguerons : si les créanciers n'avaient sur les biens soumis à l'usufruit, que le droit de gage général de l'article 2092, ils perdent tous droits, attendu que le droit de gage n'existe que tant que les biens sont dans le patrimoine du débiteur, il n'emporte pas droit de suite. Mais l'hypothèque, au contraire, et le privilège immobilier qui emportent droit de suite, subsistent; c'est la conséquence de ce que l'extinction n'est pas rétroactive.

On a semblé dire le contraire, dans la discussion de la loi (V. Locré, t. VIII, p. 243). Mais, outre que cela n'est pas dit très clairement, la discussion ne peut prévaloir contre un texte formel (Demante, *Cours analyt.*, t. 2, n° 465 *bis*. — Demolombe, t. X, p. 667, n° 750; — Laurent, t. 7, p. 104).

CHAPITRE DEUXIÈME

CAUSES D'EXTINCTION SE RATTACHANT A L'IDÉE QUE L'USUFRUIT EST UN DÉMEMBREMENT DE LA PROPRIÉTÉ.

SECTION UNIQUE

DE LA CONSOLIDATION DE LA RÉUNION SUR LA MÊME TÊTE DES QUALITÉS D'USUFRUITIER ET DE NU-PROPRIÉTAIRE

Ce mode d'extinction est établi par l'article 617 (3e al.), dans les termes suivants :

« L'usufruit s'éteint..... par la consolidation ou la réunion « sur la même tête des deux qualités d'usufruitier et de nu-« propriétaire. »

Cette cause d'extinction a son fondement dans la nature même de l'usufruit. Bien que les textes romains semblent quelquefois considérer ce droit comme différent des servitudes, bien que notre Code évite absolument d'employer cette expression de servitudes à propos des servitudes personnelles, l'usufruit n'est rien autre chose de sa nature qu'une servitude, ainsi qu'il a été démontré dans les préliminaires. Le principe *nulli res sua servit* (L. 26, D. de *Serv. pred. urb.*, 8-2), lui est donc applicable, et lorsque les deux qualités de nu-propriétaire et d'usufruitier, sont réunies sur la même tête, l'usufruit s'éteint. Le troisième alinéa de l'article 617, est en somme le pendant très rationnel de l'article 705 : « Toute servitude « est éteinte, lorsque le fonds à qui elle est due et celui qui « la doit, sont réunis dans la même main. »

Ce classement de la consolidation, parmi les causes d'extinction de l'usufruit, est la suppression implicite de la distinction, subtile et sans intérêt pratique, que faisaient les anciens auteurs, entre l'usufruit *formel et temporaire,* qui était ce que nous appelons aujourd'hui simplement l'usufruit, c'est-à-dire, le droit de jouir des choses dont un autre a la propriété et l'usufruit *causal et perpétuel*, c'est-à-dire, le droit qu'a le propriétaire lui-même de jouir de sa propre chose.

Le troisième alinéa de l'article 617 comprend deux hypothèses et semble les confondre entièrement :

a. L'usufruitier acquiert la nue-propriété ;

b. Le nu-propriétaire acquiert l'usufruit.

On n'a pas toujours fait cette confusion.

Les Romains réservaient habituellement le nom de consolidation à l'acquisition de la nue-propriété par l'usufruitier (§ 3, *Inst.*, *de usuf.*, 4, 2 ; — (L. 3, § 2, D. *de usuf. accress.*, 7. 2), de quelque manière que se réalise cette acquisition. En ce cas, en effet, le droit d'usufruit s'est réellement consolidé dans la personne de l'usufruitier, parce que ce droit, au lieu d'être formel et temporaire, avait acquis en devenant causal et perpétuel la solidité de la propriété qui était venue s'y adjoindre. Au contraire, lorsque l'usufruit va se réunir à la nue-propriété sur la tête du nu-propriétaire, le droit de propriété est complété. Mais il ne peut-être question de consolidation de l'usufruit. Les anciens auteurs faisaient généralement la même distinction (V. Pothier, *du Douaire*, n° 254 — Conf. Vinnius sur le § 3, *Inst.*, *de usuf.*; — Duranton, t. 4, n° 666 n. 2 ; — Duvergier sur Toullier, t. 2, n° 455).

Les rédacteurs du Code ont-ils eu tort de ne pas s'en préoccuper d'avantage ?

Marcadé l'a soutenu. Toutes les fois, a-t-il dit, qu'il y a acquisition de l'usufruit par le nu-propriétaire, c'est qu'il y a une cause antérieure d'extinction, comme la mort, l'arrivée du terme, la renonciation, etc. ; l'acquisition de l'usufruit par le nu-propriétaire n'est donc pas une cause spéciale d'extinction, elle ne doit jamais être confondue avec la consolidation, (Marcadé, t. 2, art. 617, n° 5).

La critique de Marcadé n'est pas fondée ; sans doute si l'usufruit n'est réuni à la propriété que par l'effet d'un des autres modes d'extinction, il n'y aura pas consolidation, mais il peut y avoir acquisition de l'usufruit par le nu-propriétaire autrement que par suite d'un de ces faits.

Il peut y avoir acquisition par lui comme par tout autre personne indépendamment de sa qualité de nu-propriétaire.

Ainsi, si le nu-propriétaire se faisait céder l'usufruit, comme pourrait le faire un tiers, dans ce cas, il y aurait certainement extinction de l'usufruit et une extinction provenant uniquement de ce que l'usufruit et la nue-propriété seraient réunis dans la même main, sans qu'on puisse voir une autre cause, car de droit commun la cession n'est pas une cause d'extinction. Les textes romains voyaient déjà une consolidation dans cette espèce (§ 3, *Inst.*, *de usuf.*, 2-4) : *Item* « *finitur ususfructus si domino proprietatis ab usufructuario* « *cedatur nam cedendo, extraneo nihil agit ; vel ex contrario* « *si fructuarius proprietatem rei adquisierit, quæ res consolidatio appellatur* ».

Il est vrai qu'on prétend faire rentrer la cession dans l'idée de la renonciation ; mais, d'abord, lorsque le législateur parle de renonciation, il vise surtout la renonciation gratuite (622), et en admettant qu'on puisse y faire rentrer les cessions à titre onéreux, on ne peut certes pas, à moins de changer complètement le sens des mots, y faire rentrer la vente forcée de l'usufruit qui aurait lieu, par exemple, à la requête des créanciers de l'usufruitier et dans laquelle le nu-propriétaire se porterait adjudicataire. Il en serait de même, au cas où le nu-propriétaire deviendrait héritier soit de l'usufruitier, soit du cessionnaire de l'usufruit, et ce ne sont là que des exemples ; au surplus, nous ne comprenons pas très bien qu'on ne suppose pas *a priori* que le législateur avait tout au moins, autant de bon sens que les commentateurs de son œuvre « et que s'il distingue divers cas dans lesquels l'usu-« fruit prend fin, il n'a pas pu les confondre tous dans la « consolidation ». (Laurent, t. VII, n° 57, p. 74 ; — Cf. Demol, t, X, n° 683 — A. et R., t. II, p. 514, texte et n. 26.)

Suivant nous, on ne peut même pas reprocher au législateur d'avoir appliqué à ces deux hypothèses l'expression impropre, nous le reconnaissons, de consolidation, car c'est précisément pour comprendre, à côté des cas où il y a confusion sur la tête de l'usufruitier, ceux où il y a confusion sur la tête du nu-propriétaire qu'il a dit : consolidation *ou* réunion.

L'extinction par la consolidation telle que nous venons de l'exposer a donné naissance à une série de questions dans une hypothèse intéressante qu'il convient d'examiner avant de passer aux effets de la consolidation :

Un usufruit grève un immeuble propre à une personne mariée sous le régime de la communauté, l'usufruitier renonce moyennant un prix à son droit, l'usufruit cédé constitue-t-il un conquet de communauté ?

Si on admet l'affirmative, l'usufruit n'est pas éteint par la renonciation du titulaire, il doit être considéré comme cédé à la communauté, absolument comme il pouvait être cédé à une personne quelconque; les deux époux en jouiront conjointement jusqu'à la mort de l'usufruitier cédant.

Si cette mort survient avant la dissolution de la communauté, à ce moment l'immeuble dégrevé deviendra propre pour la pleine propriété; — si l'usufruitier cédant ne meurt qu'après la dissolution de la communauté, l'usufruit, conquet de la communauté, sera compris dans le partage.

Au contraire, si l'usufruit cédé n'est pas acquis à la communauté, mais à l'époux nu-propriétaire, il s'éteint immédiatement par consolidation ; mais l'époux nu-propriétaire devra récompense à la communauté pour le rachat de cet usufruit (art. 1437), au moins dans le cas où il aurait tiré un bénéfice personnel du rachat. C'est ce qui arrive quand l'usufruitier cédant vit encore au moment de la dissolution de la communauté.

On voit que la question ne manque pas d'intérêt et qu'elle touche par un côté à notre matière.

Pour soutenir que l'usufruit est un conquet de communauté, on dit : l'usufruit est un immeuble (art. 526); or, tout immeuble acquis pendant le mariage est un conquet de communauté (art. 1401, 3°), donc.....

Pour soutenir, au contraire, que c'est un propre de l'époux nu-propriétaire, on s'appuie sur les articles 1408 et 1437.

a. — Sur l'art. 1408 : Au cas d'acquisition de la portion indivise d'un immeuble dont l'un des époux est copropriétaire, cette acquisition ne forme jamais un conquet; l'immeuble indivis devient pour la totalité propre à l'époux antérieurement copropriétaire; or, l'usufruit étant un démembrement de la propriété, en est une portion, et au cas où cette portion est acquise, l'article 1408 est applicable non pas seulement par analogie, mais directement.

b. — L'article 1437 supposant le rachat d'un service foncier fait pendant la communauté au profit de l'immeuble propre à l'un des époux, décide que ce service foncier ne constitue pas un conquet de communauté, puisque l'époux enrichi par le rachat du service foncier doit seulement récompense à la communauté.

Or, nous savons que l'usufruit est, tout comme les services fonciers, un démembrement de la propriété, au fond, une véritable servitude bien qu'en dise le législateur; donc l'usufruit ne doit pas plus que le service foncier constituer un conquet.

L'argument tiré de l'article 1437 est très fort, car il s'appuie sur l'autorité de Dumoulin et de Pothier (V. Pothier, *Communauté*, n° 639); de plus, il permet de répondre aux articles 526 et 1401-3° combinés: les services fonciers sont comme l'usufruit classés parmi les immeubles, ce qui n'empêche pas l'article 1437 d'écarter, au cas de rachat de servitude, l'application de l'article 1401-3°.

Malgré cette argumentation, nous croyons devoir nous en tenir aux principes généraux des articles 526 et 1401-3°. On peut en effet, répondre aux arguments du système contraire :

L'article 1408 d'abord est exceptionnel, déroge au principe général de l'article 1401, donc doit être entendu restrictivement ; or, dans la doctrine contraire, on l'étend à des cas qui ne sont pas visés ; l'article 1408 prévoit le cas ou il y a acquisition de la portion d'un immeuble ; mais l'usufruit n'est pas une portion d'un immeuble, c'est un démembrement de la propriété ; c'est tout autre chose.

La situation est tellement différente que nos adversaires eux-mêmes n'oseraient pas appliquer à notre cas les expressions employées dans l'article 1408 et dire que le nu-propriétaire et l'usufruitier sont dans l'indivision.

Quant à l'article 1437, il ne parle pas expressément de l'usufruit, mais seulement des servitudes ; or, bien que l'usufruit et les servitudes soient des droits de même nature, il y a, au point de vue qui nous occupe, un motif très puissant d'appliquer des règles différentes à l'usufruit et aux services fonciers.

La servitude est attachée au fonds dominant comme une qualité de ce fonds, disaient les Romains, elle ne peut exister qu'au profit d'un fonds, et ne peut être transportée d'un fonds à un autre ; si elle est rachetée, ce ne peut donc être qu'au profit du fonds servant : donc nécessairement le rachat profite à l'époux propriétaire du fonds servant.

Au contraire, l'usufruit attribut des personnes est cessible et peut profiter à une personne qui n'a aucun fonds. Il n'y a donc rationnellement aucun motif qui contraigne de dire, pour le rachat de l'usufruit, comme pour celui des servitudes c'est l'époux propriétaire qui en profite ; aucun article pas plus l'art. 1437 qu'aucun autre, ne nous y contraint non plus, nous devons donc appliquer les principes généraux : l'usufruit racheté est un conquet.

Au surplus, il faut reconnaître que cette question est fort délicate ; les auteurs se sont partagés sur la solution et si la Cour de cassation admet celle à laquelle nous nous arrêtons, ce n'est qu'avec hésitation (V. rejet, 16 juillet 1845, D. 1845, I, 21).

Cette question ainsi tranchée, recherchons maintenant quels sont les effets de la consolidation ; nous allons constater à nouveau qu'il y a bien là un mode spécial, attendu que la consolidation a des effets propres.

On a justement comparé l'extinction de l'usufruit par consolidation à l'extinction des obligations par confusion (Demol., t. X, p. 684; — A. et R., t. 2, p. 515, n. 27). La consolidation est comme la confusion, plutôt un obstacle de fait à la continuation de l'exercice de l'usufruit en sa première forme, qu'une véritable cause d'extinction. Il résulte de là une conséquence très importante, c'est que lorsque l'obstacle disparaîtra, la consolidation venant à cesser, l'usufruit renaîtra, ou plutôt reprendra son cours un instant interrompu.

Il est vrai que les Romains n'admettaient pas d'une manière absolue cette résurrection de l'usufruit ; ils distinguaient. S'il était démontré que la consolidation n'avait pas existé, l'usufruitier était considéré comme n'ayant pas perdu son droit : « *remansisse fructus jus integrum ex post facto apparuit* », dit Papinien (L. 57, D. *de usuf. et quemad. quis ut*, 7-1.)

Mais si la consolidation s'était véritablement opérée, l'usufruit ne renaissait pas si elle venait à cesser c'est ce que dit Julien dans la L. 17, D. *quib. mod. ususf. amitt.*, 7-4 : « *Si* « *tibi fundi ususfructus pure, proprietas autem sub condi-* « *tione Titio legata fuerit, pendente conditione dominium* « *proprietatis adquisieris, deinde conditio extiterit : pleno* « *jure fundum Titius habebit; neque interest, quod, detracto* « *usufructu, proprietas legata sit : dum enim proprietatem* « *adquiris jus omne legati ususfructus amisisti.* »

C'est-à-dire, au cas où il y a eu legs pur et simple de l'usufruit et conditionnel de la nue-propriété, si le légataire d'usufruit achète avant l'arrivée de la condition la nue-propriété, la consolidation se produira irrévocablement et lorsque plus tard la condition se réalisera, le légataire de la nue-propriété seulement aura la pleine propriété attendu que l'usufruit y a été définitivement réuni.

Cette opinion de Julien était fort, critiquable elle mettait en perte le légataire d'usufruit et enrichissait, sans autre motif que celui d'une logique pleine de raideur, le légataire de la nue-propriété au détriment du légataire d'usufruit ; aussi la la plupart de nos anciens jurisconsultes l'avaient-ils combattue (V. Dumoulin, *Cout. de Paris*, § 13, *gloss.* 5, n° 34-35 ; — Voët, *ad Pandect.*, liv, 7, tit. 4, n° 2. — Pothier, *du Douaire*, n° 254) et l'avis très général, sinon unanime, des interprètes modernes est que les auteurs du Code ont dû abandonner la décision romaine pour s'attacher à celle qui est la plus équitable (Touillier, t. n° 456; — Proudhon, t. 4, n° 2075 et s. ; — Demante, t. 4, n° 668 ; — Demol., X, n° 686) ; donc l'usufruit renaît, même lorsque la consolidation s'est réellement produite, du moment qu'une circonstance nouvelle vient la faire cesser.

Cette interprétation de la pensée des auteurs du Code s'appuie non seulement sur cette considération que les législateurs de 1804 ont dû préférer suivre nos anciens jurisconsultes plutôt que les jurisconsultes romains, mais encore sur l'article 2177 du Code. Cet article est ainsi conçu : « Les servitudes et « droits réels que le tiers détenteur avait sur l'immeuble « avant sa possession, renaissent après l'adjudication faite « sur lui. » (1er alin.)

Or, dans cette hypothèse, il y a eu réellement consolidation, nous voyons néanmoins les droits éteints renaître, c'est-à-dire que lorsque la consolidation disparaît, l'extinction cesse, et la servitude ou l'usufruit cependant reprend son cours (Cf. Mourlon, *transcription*, t. I. n° 343, p. 592). L'article 2177 doit nous faire décider que l'usufruit reprend son cours même lorsque l'extinction cesse par une cause qui ne rétroagit pas comme par suite de délaissement ou de saisie (Laurent, t. 7, nº 59, p. 73.) Ceci démontre qu'il ne faudrait pas pour établir que l'usufruit doit renaître, au cas où la consolidation cesse, s'appuyer, comme on le fait souvent, sur la rétroactivité de la condition; les Romains admettaient aussi la rétroactivité de la condition ; ils étaient cependant, sur la question qui nous occupe, d'une opinion contraire à celle que nous venons d'adopter.

M. Demolombe cite trois cas autres que celui prévu par l'article 2177 où la consolidation, cessant *in præteritum*, l'usufruit renaîtra. Voici ces cas :

1º Lorsque le titre d'acquisition lui-même est déclaré nul ; comme si le testament, par suite duquel l'usufruitier a acquis la nue-propriété, est annulé pour vice de forme ou autrement;

2º Lorsqu'il est résolu par l'accomplissement d'une condition quelconque (1183-1673).

3º Lorsqu'il est rescindé pour cause d'incapacité de celui qui l'a consenti ou pour toute autre cause de rescision.

Sur cette question de la résurrection du droit d'usufruit vient s'en greffer une autre : Lorque l'usufruit renaît parce que la consolidation cesse, est-ce que la caution qui garantissait au propriétaire que l'usufruitier accomplirait ses obligations envers lui renaît également ?

Proudhon (t. 4, nºˢ 2083-2088) enseigne que dès que la consolidation existe, la caution est libérée parce que, dit-il, une obligation éteinte ne peut revivre d'elle-même : « *in perpetuum enim sublata obligatio restitui non potest* »

Nous ne saurions être de cet avis au moins en un cas; nous dirons avec M. Laurent que chaque fois que l'usufruit paralysé peut être de nouveau exercé *ex antiqua et necessaria causa* la caution est encore tenue, car en somme l'usufruit n'a jamais été éteint complètement et de même que l'usufruitier peut de nouveau exercer son droit, de même l'obligation de la caution, bien que paralysée momentanément, n'ayant jamais cessé d'exister, la caution ne saurait être déchargée.

La même solution relative à la caution doit-être maintenue, quoiqu'elle soit un peu plus douteuse, au cas ou la consolidation cesserait *ex nova causa*, par exemple dans le cas de délaissement, parce qu'il est démontré, par le fait, que l'usufruit n'a jamais été éteint ; il ne renaît pas, ce n'est pas un usufruit nouveau, donc la caution engagée pour cet usufruit reste tenue (Laurent, t. 7, n° 59, p. 73).

Une deuxième conséquence du caractère propre à l'extinction par consolidation est la suivante : Les tiers qui ont des droits sur l'usufruit éteint par consolidation ne doivent pas éprouver un dommage par suite de cet acte ; c'est pour eux : *res inter alios acta.* C'est ce qui arriverait dans le cas de vente ou de donation de l'usufruit au nu-propriétaire. Il en serait de même dans tous les cas où l'usufruitier ne pourrait plus exercer son droit par suite de la réunion de la nue-propriété à l'usufruit ; si donc il y avait des créanciers ayant une hypothèque sur l'usufruit, cette hypothèque leur serait conservée (Laurent, t. 7, n° 58, p. 72)

M. Demolombe (t. X, n° 684) semble rattacher à la nature propre de la consolidation une troisième conséquence, à savoir que l'extinction peut être partielle ; il est parfaitement vrai que l'extinction par suite de consolidation peut être partielle, mais ce n'est pas là un effet propre à la consolidation, c'est le cas de la plupart des causes d'extinction. M. Demolombe le dit textuellement ailleurs lui-même (V. n° 745 ; — Cf. L. 14, D. *quib. mod. ususf. amitt.*, 7-4).

Enfin le rapprochement de l'extinction de l'usufruit par consolidation avec l'extinction des dettes par confusion devient plus remarquable encore lorsqu'on se demande si cette cause d'extinction peut s'appliquer au quasi-usufruit. Le quasi-usufruitier étant propriétaire des choses soumises à l'usufruit à la charge d'en rendre de pareilles quantité, qualité et valeur (587), est un simple débiteur à l'égard duquel il se produira une véritable confusion lorsque par suite d'un fait quelconque la créance du nu-propriétaire passera sur sa tête.

CHAPITRE TROISIÈME

CAUSES D'EXTINCTION DÉRIVANT DE LA RÉALITÉ DU DROIT

SECTION PREMIÈRE

EXTINCTION DE L'USUFRUIT PAR LA RÉSOLUTION DU DROIT DU CONSTITUANT

La loi ne parle pas de cette cause d'extinction, mais c'est l'application d'un principe général très rationnel : le constituant, en effet, n'a pu transférer un droit plus solide que le sien, *nemo dat quod non habet* ; si donc le sien est anéanti par suite d'une condition résolutoire, volontairement insérée par les parties (1183), d'une condition résolutoire tacite (1184), d'une révocation (953 et s.), d'une annulation légale (1304) ou de quelqu'autre cause, le droit de l'usufruitier comme tout autre droit réel s'éteint également « *resoluto jurè dantis, resolvitur jus accipientis* » (2125).

Bien entendu, il faut que la résolution provienne *ex causâ antiqua et necessaria* et opère rétroactivement, sinon l'usufruit serait maintenu. Duranton nous donne un exemple de ce cas puisé dans l'article 132, aux termes duquel l'absent reparaissant après l'envoi en possession définitif, reprend, il est vrai, tous ses biens, mais est obligé de respecter les droits acquis par des tiers ; si dans cette hypothèse un droit d'usufruit a été constitué par un des envoyés, il doit être respecté par l'absent (Duranton, t. 4, p. 659, n° 690-693 ; — Cf. Pothier, *Douaire*, n° 253 ; — Demol., t. X, n° 737 ; — Laurent, t. 7, n° 87).

Il ne faudrait pas confondre cette cause d'extinction avec une autre dont nous dirons quelques mots plus loin : la résolution du titre même constitutif du droit d'usufruit.

Il y a entre ces deux hypothèses plusieurs différences :

1° Quant à la manière dont l'effet extinctif se produit. L'extinction a lieu de plein droit dans tous les cas où la résolution et la révocation opèrent de plein droit.

Il n'en est pas ainsi, si c'est le droit même du constituant qui est atteint ; dans ce cas la révocation ne peut jamais avoir lieu de plein droit par rapport à l'usufruitier. Par exemple, une donation d'usufruit est faite, puis le donateur a un enfant ; l'usufruit est révoqué de plein droit, car là c'est le titre qui est révoqué. Le donataire d'un immeuble a-t-il constitué un usufruit sur cet immeuble, et la donation vient-elle à être, quant à la pleine propriété, révoquée de plein droit ; néanmoins le droit de l'usufruitier ne tombera pas immédiatement ; il faudra que le donateur exerce l'action en revendication ou confessoire.

2° Quant aux effets : lorsque le titre même par lequel l'usufruit a été constitué vient à être résolu, l'usufruitier étant censé n'avoir jamais été usufruitier, il ne peut conserver les fruits par lui perçus et doit les restituer, tandis que, si son droit tombe par suite de la résolution du droit du constituant, il pourra invoquer sa possession et conserver les fruits.

Enfin si, dans ce dernier cas, il a acquis l'usufruit à titre onéreux, il a droit à garantie.

SECTION DEUXIÈME

PRESCRIPTION ACQUISITIVE DE DIX A VINGT ANS

Il n'est pas question de ce mode d'extinction dans les articles 617 et suivants du Code civil; les principes généraux seuls nous conduisent à le reconnaître, eux seuls nous guideront donc.

Evidemment les règles que nous allons exposer ne peuvent être appliquées que lorsqu'il s'agit d'un usufruit immobilier ; mais des principes tout semblables nous conduiront à admettre l'extinction de l'usufruit mobilier dans les cas où l'article 2279 est applicable. Si nous ne nous occupons ici que de l'extinction de l'usufruit immobilier, c'est parce que, le quasi-usufruit mis à part, l'usufruit immobilier est celui que l'on rencontre le plus fréquemment dans la pratique.

Pour qu'un usufruit puisse être éteint par la prescription acquisitive de dix à vingt ans, il faut qu'une personne ait acquis soit l'usufruit soit la pleine propriété par cette prescription. On voit que nous admettons l'acquisition de *l'usufruit* lui-même par la prescription de dix à vingt ans. Cette proposition souvent contestée demande quelques développements ; mais nous serons brefs, attendu que cette démonstration est une sorte d'incident qui ne rentre pas directement dans notre sujet.

On doit partir de ce principe que l'acquisition par la prescription est un mode qui s'applique à toute espèce de biens immeubles tant corporels qu'incorporels.

En effet, sans parler du droit romain sur lequel il peut y

avoir quelque doute, telle était certainement la règle de l'ancien droit ainsi que l'affirme Pothier (*de la prescription*, nº 16 ; — art. 113, C. de Paris).

Cette règle est seule logique dans une législation qui, comme la nôtre, admet notamment la possession des droits (art. 2228). Une fois cette possession admise, on ne voit aucun motif de distinguer entre les biens corporels et les biens incorporels.

Enfin la prescription acquisitive s'applique à la propriété, elle s'applique aux servitudes, comment ne s'appliquerait-elle pas encore à l'usufruit qui est, tout comme les servitudes, un démembrement de la propriété, par suite un droit absolument de même nature.

On fait, il est vrai, trois objections :

1º La loi, a-t-on dit, admet expressément l'acquisition des servitudes continues et apparentes par la prescription (art. 690); elle ne parle pas de ce mode d'acquérir comme s'appliquant à l'usufruit, donc il faut l'écarter en cette matière. Cet argument *a contrario*, qui tend à nous faire écarter l'application des principes généraux en matière de prescription, n'est pas admissible ;

2º On oppose aussi l'article 2264 : « Les règles de la prescription sur d'autres objets que ceux mentionnés dans le présent titre, sont expliquées dans les titres qui leur sont propres. » — Or, dit-on, il n'est pas question au titre III du livre 2 du Code civil de l'acquisition de l'usufruit par prescription, donc cette acquisition n'est pas possible.

Mais cette interprétation de l'article 2264 n'est pas exacte. Quand un principe général comme celui de la prescription est posé, il n'est pas besoin de textes généraux qui en fassent l'application à chaque matière. C'est, au contraire, quand on veut soit écarter la prescription, soit en modifier les règles, qu'il faut des textes généraux comme les articles 690 et 1304. C'est à ces textes généraux que renvoie l'article 2264, et puisqu'il n'y a aucun article dans notre titre qui s'occupe de la prescription, l'article 2264 est étranger à la question qui nous occupe ;

3° On admet quelquefois que l'usufruit peut s'acquérir par la prescription de trente ans, mais on repousse celle de dix à vingt ans parce que l'article 2265, qui établit cette deuxième prescription, semble supposer que la propriété seule s'acquiert par ce mode.

A cela nous répondrons, l'article 2265 est rédigé en vue des hypothèses les plus usuelles, les prescriptions de propriété; rien ne prouve que l'intention du législateur ait été de restreindre l'application de la prescription.

D'ailleurs, l'usufruit étant un démembrement de la propriété, nous pensons, comme le fait M. Demolombe (t. X, n° 241, p. 201), que « lorsqu'il s'applique à un immeuble, les termes « généraux de l'article 2265 le comprennent également, *secundum subjectam materiam.* »

Tenons donc pour certain que l'usufruit peut s'acquérir par la prescription de dix à vingt ans,

Ceci posé, toutes les fois qu'un usufruit sera ainsi acquis, il y aura démembrement de la propriété si aucun usufruit n'existait antérieurement ; et si la propriété était déjà démembrée, il y aura extinction ou tout au moins paralysie de l'usufruit existant antérieurement.

Ce deuxième résultat qui seul nous intéresse se produit dans trois hypothèses :

PREMIÈRE HYPOTHÈSE. — Un usufruit est constitué sur un fonds déjà grevé et l'acquéreur est dans les conditions voulues pour prescrire. Après dix à vingt ans (temps qui doit être compté d'après le domicile du premier usufruitier), il aura acquis l'usufruit, et comme il ne peut exister deux usufruits sur un même bien, le premier usufruitier ne pourra plus exercer son droit. En faut-il conclure que ce premier usufruit sera éteint? Pas toujours.

Il sera éteint si le premier usufruitier meurt avant le deuxième, ou si le deuxième usufruit a été exercé pendant trente ans, le premier ayant été ainsi éteint par le non-usage. — Mais si le deuxième usufruitier meurt avant le premier et avant trente ans, le premier reprendra l'exercice de son droit, qui n'aura été que suspendu, paralysé.

Ces solutions ont été contestées. Delvincourt a soutenu que l'usufruit était transféré et non pas éteint (t. I, p. 628, note 4). Il en faudrait conclure que le droit du deuxième usufruitier cesserait à la mort du premier usufruitier survenant alors que le deuxième usufruitier est encore en jouissance. Ce système n'est pas en conformité avec les principes. Si la prescription acquisitive s'applique réellement à l'usufruit, et nous avons démontré qu'il en est ainsi, celui qui a prescrit est réellement devenu titulaire, celui qui a prescrit est réellement usufruitier; or la durée de l'usufruit est normalement déterminée par la vie de l'usufruitier (art. 617).

DEUXIÈME HYPOTHÈSE. — Un individu quelconque acquiert d'un nonpropriétaire la possession de la chose grevée d'usufruit, s'il est dans les conditions voulues pour prescrire par dix à vingt ans, il deviendra plein propriétaire par ce délai.

Cette solution s'appuie sur les articles 2180 et 1665: sur l'article 2180, parce que cet article suppose que l'hypothèque, le plus favorable des droits réels, est éteinte par la prescription acquisitive du fonds. Comment pourrait-il en être autrement de l'usufruit à l'extinction duquel le législateur est toujours favorable?

Sur l'article 1665, aux termes duquel l'acheteur à réméré peut prescrire « tant contre le véritable maître que contre « ceux qui ont des droits ou hypothèques sur la chose »; ces droits réels autres que l'hypothèque ne peuvent être que des servitudes personnelles ou réelles. Seulement il ne faudrait pas croire que l'usufruit est acquis comme une accession de la propriété, il y a à certains égards comme deux prescriptions.

De là plusieurs conséquences :

a. — Il ne faut pas qu'il y ait dans la personne de l'usufruitier des obstacles à la prescription, par exemple des causes de suspension.

b. — Il faut calculer les délais pour la prescription de l'usufruit d'après le domicile de l'usufruitier.

Nous disons *comme* deux prescriptions et non pas deux en réalité, quoi qu'en disent quelques auteurs (Laurent, t. 7, p. 108), s'il y avait réellement deux prescriptions, il faudrait ajouter en effet deux autres conséquences.

c. — Si celui qui a prescrit venait à mourir moins de trente ans à partir du commencement de la jouissance et avant l'ancien usufruitier, le droit de celui-ci revivrait.

d. — L'usufruit pourrait être acquis sans que la nue-propriété le soit.

Or, de l'avis de tous, ces deux conséquences doivent être repoussées. Donc, on ne peut dire qu'il y a vraiment deux prescriptions.

TROISIÈME HYPOTHÈSE. — Une personne a acquis du nu-propriétaire un immeuble comme *libre*. Peut-il acquérir par prescription la libération de son fonds?

Pothier l'admettait déjà dans l'ancien droit : (*Douaire*, n° 249) : « Lorsqu'un tiers détenteur de l'héritage chargé d'u-« sufruit l'a possédé comme franc de l'usufruit, dont il n'avait « pas de connaissance pendant dix ans entre présents et « pendant vingt ans entre absents, il acquiert, par cette « possession de dix ou de vingt ans, l'affranchissement et « l'extinction des droits d'usufruit, dont l'héritage était « chargé. »

Il est vrai qu'on a objecté que ce détenteur ne peut prescrire l'usufruit parce qu'il n'a pas possédé comme usufruitier. Ce n'est là qu'une subtilité : il a possédé le fonds, c'est assez. Ne serait-il pas irrationnel d'admettre que celui qui a reçu le tout *a non domino* pût devenir plein propriétaire, tandis que celui qui a acquis réellement la nue-propriété, auquel il ne manque que l'usufruit, ne puisse pas acquérir cette pleine propriété.

Seulement ici, comme dans la première hypothèse, nous croyons que le droit du premier usufruitier est plutôt paralysé qu'éteint et, si le deuxième usufruitier mourait avant le premier et avant que trente ans ne se soient écoulés depuis son entrée en jouissance, le premier usufruitier pourrait reprendre l'exercice de son droit. Mais nous n'admettrons pas, quoi qu'il en ait été dit, que le prémier usufruitier puisse évincer le cessionnaire du deuxième usufruitier.

CHAPITRE QUATRIÈME

CAUSES D'EXTINCTION COMMUNES A TOUS LES DROITS, TANT RÉELS QUE PERSONNELS

SECTION PREMIÈRE

NON-USAGE PENDANT TRENTE ANS

Nous plaçons l'extinction par non-usage en tête de ce chapitre, afin de la rapprocher de l'extinction, par suite de prescription. Il y a d'ailleurs entre elles beaucoup moins d'analogie qu'on ne le croit au premier abord.

Le quatrième alinéa de l'article 617 est ainsi conçu : « L'usu« fruit s'éteint par le non-usage du droit pendant trente ans. »

Ce n'est pas là une innovation des rédacteurs du Code. En droit romain, à l'époque classique, il n'était pas nécessaire de rester, comme dans notre législation, pendant trente années, sans faire usage du droit d'usufruit; une année suffisait pour éteindre ce droit sur les meubles, deux pour perdre celui qu'on avait sur les immeubles (Paul, III, 6 § 30).

Plus tard Justinien établit des règles nouvelles ; il fallut alors un délai de trois ans s'il s'agissait de l'usufruit grevant un meuble, de vingt ans entre absents et de dix ans entre présents si l'usufruit portait sur un immeuble (L.16, C. *de usufr.* 3-33). Le nu-propriétaire se trouvait donc par rapport à la prescription du droit d'usufruit dans le même cas que lorsqu'il voulait acquérir la propriété d'un autre : *nisi talis exceptio usufructuario opponatur, quæ, étiamsi dominium vin-*

dicaret, posset eum præsentem vel absentem excludere. »

Le droit coutumier, plus rigoureux, exigeait trente ans pour l'extinction des servitudes (art. 186, Cout. de Paris) ou de l'usufruit (Pothier, *Douaire*, n° 250) par non-usage. C'est à la tradition coutumière que se sont rattachés les rédacteurs du Code. Ils ont, dans l'article 617, assigné à la prescription de l'usufruit le délai de trente ans, parce que tel est le terme donné à la prescription de toutes les actions tant réelles que personnelles (2262) dans tous les cas où il n'y a pas lieu d'appliquer l'article 2281 qui dispose : « Les prescriptions commencées à l'époque de la publication du présent titre seront « réglées conformément aux lois anciennes.

« Néanmoins les prescriptions alors commencées, et pour « lesquelles il faudrait encore, suivant les lois anciennes, « plus de trente ans à compter de la même époque, seront « accomplies par ce laps de temps. »

Nous venons de faire allusion à l'article 2262. L'extinction de l'usufruit par non-usage est-elle donc une application de ce principe général ?

M. Demolombe le croit ; Proudhon et M. Laurent le nient.

L'extinction de l'usufruit ou des servitudes par non-usage constitue, dit M. Demolombe (t. X, n° 689), une véritable prescription libératoire : lorsqu'un fonds est grevé, il doit ses services à une personne ou à une chose ; or, puisque lorsque pendant trente années le créancier n'agit pas contre son débiteur, après ce laps de temps le débiteur est libéré ; de même la chose grevée d'une servitude doit être considérée comme liberée, lorsque l'usufruitier reste trente années sans agir, la chose étant liberée, c'est naturellement le propriétaire qui en profite, (Conf. Marcadé, t. 2, p. 514, art. 617, n° VII).

D'après Proudhon, si le non-usage pendant trente ans libère le fonds de l'usufruit auquel il était soumis, c'est que le propriétaire doit être considéré comme le possédant et que l'ayant possédé libre de servitudes pendant trente ans, il a acquis par prescription l'affranchissement de sa propriété (t. 4, n° 2106)

M. Laurent critique ces explications, la deuxième au moins, avec grande raison, attendu que ce que le nu-propriétaire possède c'est la nue-propriété, ce n'est pas l'usufruit; si, après trente ans il acquiert l'usufruit, ce n'est pas directement, c'est indirectement comme conséquence de son extinction, en tant que droit séparé. L'article 617 n'établit pas au profit du propriétaire une prescription acquisitive, mais au préjudice de l'usufruitier une prescription extinctive ; cela est si vrai, qu'après trente ans le nu-propriétaire pourrait se prévaloir de l'extinction par non-usage, alors même que pendant ce temps, il n'aurait pas possédé sa propriété, du moins si l'on admet que sa propriété elle-même, comme le fait l'opinion générale, n'est pas éteinte par non-usage.

Quant à l'explication de M. Demolombe, elle ne mérite peut-être pas le reproche qu'on lui fait : que le savant auteur ait tort d'établir une analogie trop complète entre les obligations et les démembrements de la propriété, entre le débiteur et la chose grevée, c'est possible ! Mais, au fond de son explication, il y a cette idée très vraie que le quatrième alinéa de l'article 617 n'avait pas besoin d'explication, attendu qu'il applique purement et simplement un principe général vrai en matière de droits réels comme en matière d'obligations (2262). La question n'est pas de savoir *pourquoi* on applique ce principe général à l'usufruit et aux servitudes, mais pourquoi on ne l'applique pas à la propriété elle-même. C'est là une question différente et qui ne rentre pas dans notre sujet.

M. Laurent (t. 7, p. 75, n° 60) ajoute, et en cela il ne fait que reproduire Ducaurroy, Bonnier et Roustain (t. 2, p. 150, n° 226), que la loi est favorable à l'extinction des servitudes et de l'usufruit, qu'elle ne les admet, en quelque sorte, que par nécessité, à cause de leur utilité, mais que dès qu'on ne les exerce plus, c'est qu'elles ne sont plus utiles et qu'il n'y a plus lieu de les maintenir malgré la gêne qu'elles imposent et contrairement au droit commun de la liberté des héritages. Tout cela est très vrai, et c'était un nouveau motif pour appliquer le droit commun de l'article 2262 ; mais ce n'était pas un motif nécessaire, attendu que sans lui on aurait dû encore appliquer cet article.

Au surplus, la question que nous venons d'examiner n'a guère d'intérêt pratique. Cependant le motif adopté fait bien ressortir ce qui n'est pas aussi évident dans l'opinion de Proudhon, que le droit est éteint par le seul non-usage, le seul défaut d'exercice du droit pendant trente ans sans autre condition que celles ordinaires de la prescription extinctive. Il nous paraît certain, en effet, que la prescription d'un usufruit appartenant à un mineur ou à un interdit serait suspendue comme celle de tout autre bien (art. 2251) et que l'usufruit immobilier, constitué en dot sous le régime dotal, ne pourrait s'éteindre par prescription (V. Genty, *de l'usufruit*, p. 223, n° 275).

Cette absence de toute autre condition permet de distinguer très facilement l'extinction de l'usufruit par non-usage de l'extinction du même droit par l'effet de la prescription acquisitive de dix à vingt ans et, deuxièmement, constitue, ainsi que nous l'avons dit en passant, et c'est un point assez important pour être souligné, une différence entre la propriété et ses démembrements.

Etudions maintenant les deux conditions du non-usage :

1° Il faut absence d'exercice du droit. — L'usufruitier doit donc jouir de son droit pour le conserver ; mais est-il nécessaire qu'il en jouisse par lui-même ou par quelqu'un agissant en son nom, comme un mandataire ou un *negotiorum gestor ?* Non, et cette solution ne saurait être douteuse en certains cas. Tels sont les cas où l'usufruitier a loué son usufruit, l'a vendu ou donné et où les acquéreurs exercent l'usufruit, car ces personnes jouissent au nom de l'usufruitier et en vertu d'un droit dont il leur a concédé l'exercice.

Mais lorsque le fermier ou l'acquéreur, soit à titre gratuit soit à titre onéreux, ne jouit pas de la chose, les auteurs ne sont plus d'accord.

En droit romain, on décidait que du moment que l'usufruitier touchait le prix ou les fermages, cela était suffisant pour constituer un acte de jouissance, ce qui empêchait l'extinction de l'usufruit par le non-usage (LL. 38 et 39, D. *de usufr.*, 7-1). Pothier est du même avis, et Proudhon, sous l'empire du Code, reproduit la même théorie ; mais de nombreux auteurs, et parmi eux (MM. Bugnet sur Pothier, t. 6, p. 423, n° 3; — Demol., t. 10, n° 695; — Marcadé, t. 2, art. 617, n° 7; — A. et R., t. 2, p. 510, n° 2), sont d'une opinion contraire.

Ces auteurs raisonnent ainsi : en quoi consiste l'usage du droit d'usufruit ? Il consiste à jouir d'une chose dont un autre a la propriété, et la jouissance, qui exclut toute idée de non-usage, doit porter directement et physiquement sur la chose. Or, l'usufruitier en titre, lorsque le fermier ou l'acquéreur ne jouit pas de la chose, ne profite pas personnellement de la chose, puisque c'est seulement sur les fermages ou sur le prix de vente de la chose que la jouissance est assise ; de plus, personne ne jouit pour lui, puisque le fermier ou l'acquéreur ne jouit pas. Le caractère principal de l'exercice du droit d'usufruit manque donc complètement dans cette espèce, et si cette situation continue pendant trente ans, l'usufruit est éteint par non-usage.

Cette dernière opinion nous paraît préférable, d'autant plus qu'elle est conforme à l'esprit de la loi si favorable, comme nous l'avons dit, à l'extinction de l'usufruit, surtout quand son inutilité est en quelque sorte démontrée. (Genty, *de l'usufruit*, p. 224, n° 278.)

Elle nous paraît surtout s'imposer dans l'hypothèse d'une donation d'usufruit. En effet, si dans les hypothèses que nous venons d'examiner précédemment on pouvait soutenir que l'usufruit était maintenu parce que l'usufruitier en titre jouissait d'une chose représentative de l'héritage soumis à l'usufruit, les fermages ou le prix, dans le cas d'une donation, les partisans de cette doctrine n'ont plus ce recours et sont obligés de convenir que l'usufruit ne peut être maintenu, parce que l'usufruitier ne jouit pas d'une manière quelconque ; seulement, bien entendu, les personnes, quelles qu'elles soient, par la négligence desquelles l'usufruit vient à périr, devront indemniser l'usufruitier (1382).

Enfin, il n'est pas douteux que l'extinction par non-usage se produirait encore si un tiers quelconque était mis en possession de l'usufruit et jouissait *proprio nomine*.

Laissons maintenant de côté ces cas où personne ne jouit pour l'usufruitier ; supposons, au contraire, que lui-même jouit ou quelqu'un en son nom. Est-il alors nécessaire, pour empêcher l'extinction au moins partielle de l'usufruit par non-usage : 1° que l'exercice porte sur la totalité du droit ; 2° qu'il soit conforme à la destination du propriétaire ?

Non, en principe, sur la première question.

L'usufruitier ou quelqu'un en son nom peut ne pas exercer le droit pour la totalité ; notamment dans le cas où l'usufruitier ne perçoit pas tous les fruits, il conserve son droit ; en effet, pour qu'il y ait extinction du droit, il faut un non-usage absolu ; en percevant une partie des fruits, l'usufruitier a fait acte de jouissance, cela suffit pour lui conserver son droit. S'il néglige de percevoir une partie des fruits, il en perd la valeur sans en pouvoir réclamer aucune indemnité (art. 590).

De même, dans le cas où l'usufruit est constitué sur une universalité de biens, du moment que l'usufruitier en jouit d'une façon quelconque, le non-usage pendant trente ans ne peut être invoqué.

La question serait plus délicate si l'usufruitier n'exerçait qu'une partie du droit, par exemple, ne percevait aucun fruit, n'usait pas de la chose ou n'exerçait pas un droit de passage. Faudrait-il admettre alors que son droit d'usufruit serait éteint comme tel et transformé en un droit d'usage ou de passage? Non encore, attendu que c'est comme usufruitier qu'il a exercé ce droit de passage ou d'usage, il a donc exercé son droit d'usufruit lui-même, cela suffit pour que ce droit ne soit pas éteint (L. 20, D., *quib. mod. usufr. amitt.*, 7-4; — Proudhon, t. 4, n° 2102).

Il ne faudrait pas, cependant, conclure de ces solutions que l'usufruit ne pourrait pas être perdu partiellement par non-usage, cela peut se produire, mais rarement et d'une autre manière : le droit d'usufruit ne sera jamais, en quelque sorte, décomposé par suite de non-usage, mais il peut être restreint quant à l'étendue du bien soumis à l'usufruit, c'est ce qui arriverait si l'usufruitier de deux fonds ou d'un fonds en deux parties ne jouissait que d'un des deux fonds ou d'une des deux parties.

Enfin Pothier (*Douaire*, n° 249) pose une autre question : Qu'arrivera-t-il si l'usufruitier jouit de la chose en l'employant à un usage autre que celui auquel elle est destinée, et il la résout ainsi : « Le droit d'usufruit qu'il a de cette chose étant « le droit de s'en servir pour les usages auxquels elle est « destinée, on doit dire qu'il n'use pas de son droit lorsqu'il « s'en sert pour d'autres usages ; donc il perdra son droit « par le non-usage. »

Nous ne pouvons admettre cette solution, car comment comprendre que dans l'hypothèse présentée il y ait non-usage. Il y a abus de jouissance, mais justement cet abus prouve bien que l'usufruitier veut jouir de son droit puisqu'il dépasse les limites que comporte ce droit. Il y aura extinction de l'usufruit par suite de la jouissances abusive, mais non pas par non-usage.

Venons maintenant à la deuxième condition. Il faut que le non-usage ait duré trente ans. — Sur ce délai pas de difficulté — mais quel en est le point de départ ? Les auteurs sont en principe d'accord sur ce point. Le délai de trente ans court à partir du dernier acte d'exercice fait par l'usufruitier. Dans certaines hypothèses, cependant, il peut y avoir doute ; ainsi un usufruitier trouve en entrant en jouissance, parmi les choses soumises à l'usufruit, des bois taillis dont la coupe se fait tous les vingt-cinq ans, et la coupe vient d'être faite. Il ne peut donc la renouveler pendant vingt-cinq ans. Sera-ce à partir du moment où il lui sera permis de faire la coupe que courra le laps de temps de trente années ? D'après Proudhon, il faut décider que non ; car sans faire de coupe il pourra faire un acte de jouissance, soit en recueillant le produit annuel des arbres, soit en faisant garder les bois ; c'est donc, comme dans les autres cas, à partir du dernier acte de jouissance que doit courir le délai.

Pour terminer sur cette matière de l'extinction de l'usufruit par non-usage, il faudrait traiter ici une question célèbre en matière de servitudes sur les articles 704 et 706. L'usufruit est-il éteint lorsqu'il y a impossibilité d'user pendant trente ans ?— Mais cette question sera mieux comprise après l'étude de l'extinction de l'usufruit par la perte de la chose. Venons donc de suite à cette cause d'extinction.

SECTION DEUXIÈME

EXTINCTION PAR LA PERTE TOTALE DE LA CHOSE SOUMISE AU DROIT

C'est encore l'article 617 qui, dans un dernier alinéa, fait l'application à l'usufruit du principe qui subordonne l'existence du droit à l'existence de son objet.

« L'usufruit s'éteint par la perte totale de la chose sur « laquelle l'usufruit est établi. »

Ce principe de l'extinction du droit par suite de la perte de son objet s'applique en matière d'obligations, mais il s'impose peut-être plus encore en matière de droits réels. Il est radicalement impossible de concevoir un droit direct portant sur une chose qui n'existe pas, une relation entre un homme et le néant.

Ainsi lorsqu'un animal est mort, il est impossible de concevoir la persistance du droit d'usufruit sur cet animal ; de même lorsqu'une maison soumise à un usufruit est détruite.

Cette règle s'applique également lorsqu'il y a extinction d'un droit soumis à un usufruit. Exemple : L'usufruitier d'une rente viagère perd tout droit lorsque la rente viagère cesse d'être due par suite de la mort de celui sur la tête duquel elle était constituée.

Il faut aussi certainement, au point de vue qui nous occupe assimiler la mise hors du commerce d'une chose à sa destruction matérielle et la suppression juridique d'un droit à son extinction naturelle, attendu qu'il est aussi impossible de concevoir la persistance du droit dans ces deux cas que dans les précédents. Par exemple, si un brevet d'invention est grevé d'un usufruit, cet usufruit s'éteint lorsque le délai pour lequel le brevet était accordé est écoulé (art, 4 de la loi du 5 juillet 1884). De même lorsqu'il y a expropriation d'une propriété privée pour cause d'utilité publique, on ne concevrait pas que l'usufruitier puisse maintenir son droit sur la propriété qui a été transformée en une voie ou en un monument public. Toutefois, dans cette hypothèse la jouissance de l'usufruitier serait reportée soit sur le terrain attribué en échange au propriétaire, soit sur l'indemnité de dépossession (L. du 3 mars 1841, art. 39).

D'après l'article 617, il n'y a extinction de l'usufruit qu'au cas de perte totale, donc l'usufruit subsisterait au cas de perte partielle (art. 623) : « Si une partie seulement de la chose sou-« mise à l'usufruit est détruite, l'usufruit se conserve sur ce « qui reste. » « Sur le reste », c'est-à-dire sur la partie de la chose qui n'a pas été détruite et sur ce qui subsiste de la partie détruite (Genty, *Usufruit,* p. 228).

L'article 623 s'appliquerait incontestablement dans le cas où c'est une partie matériellement distincte du reste de la chose qui aurait péri ; mais on verra, un peu plus loin, que l'application de cet article fait naître des difficultés en d'autres cas.

Tels sont les principes certains de la matière, le législateur en fait lui-même l'application dans l'article 624.

Cet article supposant, dans un premier alinéa, un usufruit portant sur un bâtiment séparé, déclare cet usufruit éteint quand le bâtiment est détruit par un incendie ou par un autre accident ; mais si la maison n'avait été détruite qu'en partie, l'usufruit serait-il éteint ? Nous croyons que non (argt., art. 623, V. *infra*).

Dans un deuxième, il dispose : « Si l'usufruit était établi « sur un domaine dont le bâtiment faisait partie, l'usufruitier « jouirait du sol et des matériaux ». Tout cela est parfaitement conforme au principe.

Au contraire, l'article 616 qui s'occupe de l'usufruit d'un troupeau fait naître une première difficulté, puis les souvenirs historiques aidant, une deuxième plus ample et plus grave vient se greffer sur la première ; enfin deux autres doivent aussi être examinées. Nous aurons occasion de voir dans ces développements qu'il y a, en cette matière de l'extinction de l'usufruit par la perte de son objet, un peu plus que l'application des principes généraux.

PREMIÈRE QUESTION. — L'article 616 dispose ainsi : « Si le troupeau sur lequel un usufruit a été établi, périt entièrement « par accident ou par maladie, et sans la faute de l'usufruitier, « celui-ci n'est tenu envers le propriétaire que de lui rendre « compte des cuirs et de leur valeur. »

Cet article semble bien supposer que l'usufruit continue tant que le troupeau n'a pas entièrement péri ; puisque l'usufruitier doit, tant qu'il n'y a que perte partielle, compléter le troupeau, cela implique que son usufruit continue, sans cela, il n'y aurait qu'une question de reddition de comptes.

Quand peut-on dire que le troupeau a péri entièrement ?

Suivant l'opinion générale le troupeau a péri entièrement quand il ne reste plus un seul animal ; l'usufruit subsisterait donc tant qu'il y a encore un animal (Demol., t. X, n° 316 ; — A. et R., t. 2, p. 530).

Cependant quelques-uns pensent que l'usufruit est éteint même avant que la dernière bête ait péri, quand elle reste seule. (Mourlon, *Rép. écrit,* t. 1, n° 629.)

En effet, un animal seul ne compose pas un troupeau ; un troupeau implique nécessairement l'existence de plusieurs animaux. Une fois engagé dans cette voie il faut aller plus loin : il est difficile d'admettre que deux animaux constituent un troupeau ; il faudrait donc dire que l'usufruit est éteint non seulement lorsqu'il ne reste plus qu'un animal, mais même avant, lorsqu'il n'en reste plus assez pour qu'on puisse dire qu'il y a un troupeau ; question de fait qui pourra varier suivant l'espèce des animaux, leur sexe et même leur âge ; c'était l'idée romaine (L. 31, D. *quib. mod. usufr, amitt.,* 7-4 ; — L. 3, *pr., D. de Abig.,* 47-14).

Cette question que l'on reproduit souvent sous des formes

plus ou moins sérieuses ; — combien faut-il de pommes pour faire un tas de pommes? combien faut-il de personnes pour constituer un rassemblement? — est, en somme, une pure affaire d'appréciation toute personnelle ; par conséquent, la solution sera presque toujours arbitraire, et il est naturel de penser que le législateur a voulu l'écarter, en décidant, dans l'article 616, que l'usufruit subsiste tant que le troupeau n'a pas péri entièrement.

Sans doute le troupeau peut ne plus exister quand il n'y a qu'une bête ou deux, mais enfin il n'a pas entièrement péri ; il n'existe plus sous forme de troupeau, mais il reste encore une fraction du troupeau dans sa forme primitive. C'est seulement quand il ne reste plus que des animaux morts et des cuirs, lesquels ne peuvent jamais être considérés comme des éléments du troupeau, que l'usufruit s'éteint (616).

Ces solutions sur la question du troupeau cadrent-elles avec les principes généraux antérieurement vus?

Oui, elles viennent même les éclaircir ; — un troupeau est une universalité de fait parfaitement assimilable, il nous semble, à une maison.

Or, nous avons vu que quand la maison, objet de l'usufruit, a été détruite, l'usufruit s'éteint comme lorsque le troupeau a péri ; mais nous venons de voir que tant qu'il reste une partie du troupeau utilisable dans sa forme primitive, quoique ne méritant même plus le nom de troupeau, l'usufruit subsistait ; c'est aussi la solution que nous avait fournie pour la maison l'article 623, tant qu'il reste une partie de la maison, utilisable comme maison, et non pas seulement comme matériaux l'usufruit subsiste, cette solution se trouve ainsi confirmée.

On conteste souvent cette assimilation en disant la destruction partielle de la maison ne transforme pas la nature de l'objet soumis à l'usufruit, tandis que la réduction du troupeau à une ou deux têtes a transformé l'objet, lequel n'est plus un troupeau. Sans doute, ce n'est plus un troupeau, absolument comme la moitié restant debout de la maison n'est plus une maison, mais c'est réellement une partie du troupeau comme ce qui reste de la maison est une partie de la maison. On pourrait aussi soutenir que lorsque la plus grande partie de la maison est détruite, l'usufruit disparaît parce que l'article 624 n'exige pas pour que l'usufruit soit éteint, que la maison comme le troupeau ait disparu en entier ; mais ce serait mettre l'article 624 en contradiction avec l'article 623 qui déclare que l'usufruit subsiste sur la partie qui demeure, sans exiger que cette partie soit plus ou moins considérable.

Donc, dans les deux cas, les mêmes principes nous semblent identiquement suivis (Genty, *de l'usufruit*, p. 229, n° 285 et 286). On peut faire l'application de ces principes à quantité d'autres hypothèses, notamment à toutes celles où l'usufruit porte sur une collection, une universalité de fait ou de droit; nous nous bornerons à reproduire ici quelques espèces empruntées aux textes romains.

Lorsqu'un champ ou un pré devient marais ou étang par suite d'une inondation permanente (L. 10, § 2, D. *quib. mod. usufr. amitt.* ; — L. 23, D. *eod.*) l'usufruit s'éteint ; mais si une partie même fort petite du champ ou du pré échappe à l'inondation, elle reste soumise à l'usufruit. De même, lorsqu'à l'inverse, un étang desséché se transforme en prairie (L. 10, § 3, *eod.*) ou une forêt défrichée devient un champ labourable (L. 10, § 4, *eod.*) (1).

Voici cependant deux hypothèses ou les solutions romaines ne sont pas aussi faciles à admettre :

La loi 5, (§ 3, D. *eod.*) supposant qu'un fonds non bâti est soumis à un usufruit décide que cet usufruit s'éteint lorsqu'on élève des constructions. Aujourd'hui, il faudrait distinguer ; la solution romaine est excellente quand une construc-

(1) Seulement il y aurait lieu de se demander si, dans ce dernier cas, l'usufruit ne serait pas éteint par abus de jouissance.

tion est élevée sur la totalité du fonds soumis à l'usufruit (arg. 624, 1er alin.).

Mais si la construction ne couvre qu'une partie du fonds, l'autre partie devrait rester soumise à ce droit (argt. 634, 2e alin.).

Seulement on pourrait alors se demander si l'usufruitier aurait le droit de faire démolir ces constructions afin de recouvrer son droit. Ce qui suppose préalablement admis qu'il recouvre son droit, lorsque la chose revient à son état primitif, question d'ailleurs controversée. En la supposant pour un instant tranchée dans le sens de l'affirmation, nous dirons : il est fort probable qu'à Rome l'usufruitier n'aurait pu dedemander la démolition des constructions, attendu que les Romains craignaient beaucoup « *ne urbs ruinis deformetur* ; nous pensons qu'il n'en est pas de même aujourd'hui et que l'usufruitier aurait, comme le propriétaire et plus encore que le propriétaire, le droit de faire détruire des constructions portant atteinte à ses droits (argt. 555). En tous cas, il n'est pas douteux que cet usufruitier ait droit à une indemnité du moment que son droit est perdu par la faute d'un tiers (1382).

Enfin la dernière hypothèse romaine est celle du quadrige, — Les Romains pensaient que lorsque l'un des quatre chevaux du quadrige venait à périr, l'usufruit s'éteignait parce qu'il n'y avait plus de quadrige. Nous abandonnerons aussi le système romain dans cette hypothèse, car en supposant que trois des quatre chevaux viennent à périr, l'usufruit continuerait à exister sur le survivant parce qu'il ne serait pas d'une autre nature que le tout et pourrait rendre en partie les mêmes services que rendaient les autres (Proudhon, t. 5, no 2535.)

De cet exposé et de cette discussion des principes, il résulte que l'usufruit, éteint par la perte de la chose, est éteint complètement et ne se reporte pas sur ses débris, sur les éléments qui ne demeurent pas en la forme primitive ; cependant cette affirmation implique la solution d'une question fort grave, fort discutée et que nous ne pouvons trancher incidemment.

DEUXIÈME QUESTION. — Cette question peut se formuler ainsi : La transformation d'une chose soumise à un usufruit éteint-elle l'usufruit ?

C'est tout un de dire : l'usufruit ne subsiste pas sur les matériaux de la chose soumise à l'usufruit lorsqu'elle a été détruite, ou l'usufruit ne subsiste pas sur la chose après sa transformation.

A proprement parler, les choses matérielles ne sont jamais détruites, elles se transforment. Ainsi il y a aussi bien destruction quand un étang se dessèche et devient prairie que lorsqu'une maison est ruinée ; la prairie est une autre manière d'être du sol, absolument comme les ruines d'une maison ne sont rien autre qu'une agglomération sans ordre de matériaux, auparavant méthodiquement assemblés ; c'est un changement de la manière d'être des matériaux.

Sur cette question les jurisconsultes romains enseignaient que l'usufruit s'éteint complètement par la *mutatio rei* ; ils poussaient assez loin les conséquences de cette idée en tenant compte, toutefois, des nécessités de la pratique et de l'intention présumée des parties.

Pothier, au n° 255 du *Douaire,* critique vivement le système romain qu'il considère comme injuste ; suivant lui, l'usufruit doit se transporter sur la chose transformée ; donc l'usufruit devrait persister sur les matériaux et sur le sol sur lequel s'élevait la maison détruite.

La critique de Pothier n'était pas sans fondement : l'usufruit est un droit réel, un droit de même nature que la propriété, puisque s'en est un démembrement, logiquement il devrait subsister partout où la propriété subsisterait ; or, il n'est pas douteux que le propriétaire d'une maison demeure propriétaire des matériaux. On dit bien, l'usufruit étant le droit de jouir d'une chose, ne peut plus exister quand la chose n'existe plus. Sans doute il ne peut plus exister sur la chose détruite, absolument comme le droit de propriété, mais pourquoi ne se transporterait-il pas sur la chose nouvelle, comme le droit de propriété ? Pourquoi l'usufruitier ne jouirait-il pas des matériaux? Pourquoi le nu-propriétaire est-il enrichi au dépens de l'usufruitier, parce que la chose est détruite ? Pothier avait raison de trouver que c'était injuste.

Néanmoins Domat était d'un avis différent (*Lois civiles*, t. 9, n°s 8 et 9). Il soutenait comme les Romains que l'usufruit s'éteint par la transformation de la chose ; qu'il ne se transporte pas sur la chose nouvelle ou sur les matériaux. Il appliquait notamment sa doctrine au cas où une maison soumise à un usufruit vient à périr.

Laquelle de ces deux doctrines les législateurs du Code ont-ils admise ?

Nous le disons à regret, il ne paraît pas douteux que ce soit celle de Domat.

D'abord, parce que l'article 624 reproduit précisément les espèces de Domat, relativement aux maisons, et donne la même solution. En deuxième lieu, parce que, quoiqu'on en dise, c'est encore la même doctrine qui est admise relativement au troupeau (616). On prétend qu'il n'en est rien, que le maintien de l'usufruit sur l'unique survivant d'un troupeau implique adoption, du moins en ce cas, de la doctrine de Pothier. C'est une erreur, ainsi que nous l'avons démontré, en ce sens, qu'il n'y a pas transformation du troupeau, tant qu'il en reste certaines parties dans la forme primitive : autrement dit, lorsque quelques-unes des bêtes qui le composaient sont encore vivantes. Le troupeau est réellement transformé lorsqu'il n'y a plus que des bêtes mortes ou des cuirs, mais alors l'usufruit est éteint (615-616).

Enfin, si l'usufruit subsistait sur les matériaux, sur la chose transformée, le législateur n'aurait pas dit que l'usufruit s'éteignait par la perte de la chose ; ce serait une naïveté puisque cela signifierait seulement que l'usufruit ne subsiste plus sur la maison, aujourd'hui détruite, mais est reporté sur les matériaux.

Mais, comment expliquer cette règle, puisque la doctrine de Pothier n'avait rien d'absolument contraire à la nature de l'usufruit? — Suivant nous, c'est uniquement à cause de la nature exceptionnelle de l'usufruit. La division des attributs de la propriété est accidentelle; ce n'est pas l'état habituel de la propriété, en général, c'est l'état de la propriété portant sur tel objet, et quand cet objet a disparu, cette manière d'être de la propriété a disparu. Voilà pourquoi l'extinction de l'usufruit par la perte dotale de la chose ne peut être considérée comme une application pure et simple des principes. Remarquons, enfin, que rien ne s'opposerait à ce que les parties aient convenu que l'usufruit subsisterait malgré la transformation de la chose.

Venons à la troisième question. L'extinction de l'usufruit par la perte de la chose est-elle définitive? l'usufruit ne renaît-il pas si la chose revient en son premier état absolument comme les servitudes revivent en pareille hypothèse (704)? Ici encore deux opinions :

Quelques-uns admettent que l'usufruit ne renaît jamais, précisément parce qu'il n'y a au titre de l'usufruit aucun article correspondant à l'article 704, au titre des servitudes, et on applique rationnellement cette différence en disant que le législateur favorise l'établissement et le maintien des servitudes utiles à l'industrie et à l'agriculture, tandis qu'il n'a que des rigueurs pour l'usufruit qui est plutôt nuisible qu'utile à l'intérêt général.

Bon nombre d'auteurs font une distinction, et croyons-nous, avec raison : Lorsque la chose nouvelle est bien réellement la chose ancienne, qu'on avait cru détruite, mais qui, en somme, ne l'était pas, on ne peut pas appliquer l'article 617, l'usufruit revit, ou plutôt n'a jamais été éteint (Delvincourt, Duranton, Demol., t. X, nº 714 — Demante, t. 2, nº 472 *bis*, IV).

Exemple : si la maison détruite est reconstruite, fût-ce même avec les mêmes matériaux et dans le même ordre, l'usufruit ne grèvera pas le nouvel édifice parce que c'est une autre maison. Si, au contraire, un champ envahi par les eaux est transformé en étang, puis quelques années après, se dessèche, c'est, à tous égards, le même champ qui était soumis à l'usufruit ; l'usufruit revit, ou plutôt il n'a jamais été considéré comme éteint.

Mais ici se présente alors la quatrième question. — Si la chose soumise à l'usufruit revient à son état primitif après trente ans seulement, l'usufruit renaîtra-t-il encore, ou devra-t-il être considéré comme éteint par non-usage ?

La question est discutée en matière de servitudes. — Nous croyons que, même en matière de servitudes, le droit ne renaîtrait pas après trente ans, attendu que la loi le déclare éteint par le non-usage pendant trente ans, sans s'inquiéter des causes du non-usage. A plus forte raison, en doit-il être de même en matière d'usufruit, puisque le législateur est favorable à son extinction. Au surplus, la question a beaucoup moins d'intérêt quand il s'agit d'un usufruit ; l'usufruitier sera très souvent mort avant l'expiration des trente ans.

Terminons cette matière assez compliquée de l'extinction de l'usufruit par la perte de la chose, par une remarque :

On admet généralement que le législateur, en s'occupant de la perte de la chose, n'a prévu que la perte par cas fortuit ou par vétusté, en un mot indépendamment du fait de l'homme (arg[t] 624), donc que ces règles ne devraient pas s'appliquer au cas de perte, par le fait d'un tiers, du nu-propriétaire ou de l'usufruitier (Demol., t. X, n° 713 *bis* ; — Proudhon, t. 4, n°s 1590 et s. ; — A. et R., t. 2, P. 512).

Il faut, cependant, faire quelques distinctions :

Evidemment le nu-propriétaire n'éteint pas l'usufruit par son fait, pas plus que le débiteur, en détruisant la chose due. Au contraire, pour l'usufruitier, ces destructions constituent habituellement un abus de jouissance, et partant, entraînent perte de l'usufruit; mais au cas de destruction par le fait d'un tiers, nous serions très tentés d'appliquer les règles exposées dans ce chapitre.

En effet, dans la matière analogue de l'extinction des obligations, le fait d'un tiers est considéré comme un cas fortuit et éteint la dette comme un cas fortuit; or, le législateur est aussi favorable à l'extinction de l'usufruit qu'à celle des obligations; bien entendu, d'ailleurs, l'usufruitier aurait droit à une indemnité de la part du tiers. L'article 617 ne fait aucune distinction; quant à l'article 624 qu'on nous oppose, il n'est pas absolument formel, et on peut très bien soutenir qu'en parlant de quelque accident, il a statué *de eo quod plerumque fit*; donc, le fait d'un tiers est un cas assimilable au cas fortuit.

SECTION TROISIÈME

DE L'EXPIRATION DU TEMPS POUR LEQUEL L'USUFRUIT A ÉTÉ CONSTITUÉ

Le terme naturel imposé par la loi à l'usufruit est, comme nous l'avons vu, la mort de l'usufruitier. Mais, tout en posant cette règle dans l'article 617, le législateur, dans ce même article, permet au constituant de fixer lui-même un terme au droit d'usufruit, (art. 617, 2e alin.) : « L'usufruit s'éteint..... par « l'expiration du temps pour lequel il a été accordé. » C'est la seconde cause d'extinction prévue par l'article 617.

Ce terme peut d'ailleurs être soit certain, soit incertain, soit légal, soit conventionnel. Il pourrait même y avoir, bien que l'article 617 n'en parle pas, une condition extinctive de l'usufruit ; cela n'a rien de contraire à la nature de l'usufruit (Proudhon, t. IV, no 1422).

Nous trouvons un exemple de ces trois modalités au cas d'usufruit légal des père et mère sur les biens de leurs enfants mineurs (art. 384). Cet usufruit prend fin lorsque les enfants atteignent dix-huit ans, terme certain.

Il prend fin encore si les enfants meurent avant cet âge, terme incertain, c'est l'opinion unanime. Enfin, il s'éteint également si l'enfant est émancipé avant l'âge de dix-huit ans (art. 384). C'est bien là une condition extinctive, car l'émancipation est un événement futur et incertain qui peut ne pas arriver (art. 1168).

Sur ces principes, nous devons faire deux remarques :

I. SUR LE TERME CERTAIN. — Ce terme peut être fixé de deux manières : l'usufruit durera jusqu'à telle époque, ou bien il durera pendant tant de temps : par exemple, dix ans. Il n'y a pas de difficulté à déterminer quand l'usufruit prend fin dans le premier cas, car rien n'est plus facile que de constater que le terme est arrivé. Il n'en est pas tout à fait de même dans le deuxième cas : lorsqu'il est dit, par exemple, l'usufruit durera dix ans : à quel moment les dix années seront-elles réputées écoulées? Est-ce dix ans après l'entrée en jouissance ou dix ans après l'ouverture du droit?

La première règle, c'est qu'il faut, avant tout, suivre l'intention des parties, si l'usufruit est constitué par contrat ou du constituant seul, si l'usufruit est constitué par testament. La difficulté naît lorsqu'il est impossible de découvrir cette intention.

Suivant l'opinion très générale, les dix années courent de l'ouverture du droit et non de l'entrée effective en jouissance; par exemple, s'il s'agit d'un usufruit légué, à partir de la mort du testateur si le legs est pur et simple, ou de l'événement de la condition si le legs est conditionnel. En effet, c'est de ce moment que le droit de jouir commence; or, c'est ce droit qui doit durer dix ans, ce n'est pas la jouissance effective à moins que le contraire n'ait été exprimé, donc peu importe le moment de l'entrée en jouissance (Proudhon, t. 4, n° 2035; — Demol., t. X, n° 681 *bis*; — Laurent, t. 7, n° 54).

De là plusieurs conséquences que relève Proudhon :

1° Si l'usufruitier ne forme sa demande en délivrance que deux ou trois ans après l'ouverture du droit, son usufruit ne s'éteindra pas moins dix ans après l'ouverture, il ne devra durer que sept ou huit ans, l'usufruitier aura irrévocablement perdu deux ou trois années sans même pouvoir demander une indemnité, car l'article 1014 dispose que jusqu'à la demande en délivrance l'héritier fait les fruits siens; le légataire ne doit, en effet, s'en prendre qu'à lui du retard qu'il a mis à former sa demande;

2° Si la demande en délivrance n'était formé qu'après les

dix ans, le légataire échouerait dans sa demande, il aurait perdu usufruit entier.

Ces deux conséquences n'ont rien de surprenant; elles sont absolument conformes aux principes généraux. Supposons en effet, que le terme a été fixé à une date déterminée, ou qu'on ait laissé s'appliquer la règle générale de l'extinction par la mort, il est très certain que l'usufruitier qui mettrait des retards à former sa demande perdrait également deux ou trois ans sans que ses héritiers soient admis à prétendre que l'usufruit doit survivre au titulaire à cause de ce retard.

Bien entendu, quelles que soient les hypothèses les solution changeraient si l'entrée effective en jouissance était retardée par le fait de l'héritier débiteur de la constitution de l'usufruit. L'usufruitier ne pourrait plus, il est vrai, jouir de l'usufruit que pendant les sept ou huit années qui restent à courir, mais il aurait contre l'héritier une action en indemnité.

Il en serait de même lorsque l'usufruit aurait été éteint par l'arrivée du terme fixé ; c'est le cas prévu par le jurisconsulte Pomponius : « *Si mihi ususfructus in biennium continuum a* « *morte testatoris legatus sit, et per hæredem steterit, quo mi-* « *nus eum mihi daret præterito biennio, nihilominus tene-* « *tur* » ; et Proudhon ajoute (t. 5, n° 2037) : « Quoiqu'alors « l'usufruit soit éteint, l'héritier n'en est pas moins tenu à une « indemnité envers le légataire, parce qu'il est de ce cas, « comme il serait de celui ou l'on aurait légué un corps cer- « tain qui serait péri entre les mains de l'héritier après la « mise en demeure d'en faire délivrance, *quem ad modum* « *teneretur, si res legata in rerum natura desiisset quam quis* « *deberet moratus que esset in ea danda.* »

Aussi, dans cette espèce, le légataire ne pourra demander l'usufruit qui lui avait été légué parce qu'en demandant à jouir pour un autre temps, il demanderait un autre usufruit; mais on lui devra l'estimation du revenu des deux années qui se sont écoulées après la mort du testateur : « *Ut peti* « *quidem jamusus fructus qui legatus sit non possit quia*

« *alius futurus sit quam quit legatus fuerit; sed æstimatio* « *ejus bima duntaxat facienda sit.* » (6, D. *de usufr. leg*, 33-2.)

II. — En une hypothèse, il se présentait des doutes pour savoir si les parties avaient voulu fixer un terme ou une condition extinctive de l'usufruit. C'est lorsque l'usufruit est accordé jusqu'à ce que un tiers ait atteint un âge fixé.

Les parties ont-elles entendu que l'usufruit durerait jusqu'à ce moment, mais à condition que le tiers l'atteigne, donc, que l'usufruit s'éteindrait si le tiers mourait avant cet âge, ou bien ont-elles voulu déterminer une date préfixe indépendante de la mort ou de la vie du tiers ?

Une personne, en mourant, lègue un usufruit à Pierre jusqu'à ce que Paul (le tiers) ait atteint sa majorité ; nous pouvons supposer que Paul a onze ans, au moment de la constitution de l'usufruit, il reste donc dix années à Pierre pour profiter de l'usufruit qui lui a été légué. Mais Paul vient à mourir à l'âge de seize ans. L'usufruit s'éteint-il de suite ou continue-t-il encore cinq ans ?

L'article 620 donne la solution : « L'usufruit accordé jusqu'à « ce qu'un tiers ait atteint un âge fixe, dure jusqu'à cette « époque, encore que le tiers soit mort avant l'âge fixé. » Cette solution est empruntée aux Romains ; Justinien, en édictant la règle, en donnait le motif : « *Neque enim ad vitam* « *hominis respexit* (*testator*), *sed ad certa curricula* (L. 12, C. *de usufr. et habit.*; Voët, *ad Pandect.*, tit. *de usufr. et hab.*, n° 12).

Nous croyons fondé le motif de Justinien et par conséquent l'article 620. On l'a critiqué cependant en prétendant que l'intention du constituant serait le plus souvent contraire à la pensée que lui prête le législateur (Demol., t. X, n° 679) ; rien ne le prouve.

Au surplus, cet article n'est pas bien dangereux ; il est purement interprétatif de volonté ; rien dans la nature du droit d'usufruit, rien dans les principes généraux ne s'oppose à ce qu'on y déroge et s'il résultait du titre constitutif ou de toute autre circonstance que l'intention du constituant a été de limiter la durée de l'usufruit à la vie naturelle du tiers, il faudrait décider que la mort de ce dernier doit éteindre l'usufruit à quelque époque qu'elle arrive. C'est l'avis de Duranton, (t. 4 n° 659) : « et s'il avait été accordé jusqu'à la mort d'un tiers, « comme dans le cas de la rente viagère constituée sur la « tête d'un tiers qui n'a aucun droit d'en jouir (1971), la mort « de ce tiers le ferait également évanouir ; car c'est là aussi « un terme quoiqu'il soit incertain. Toutefois, la mort civile « ne mettrait pas fin à l'usufruit ; le constituant a en vue sa « mort naturelle et non la mort civile, qui est un cas si ex« traordinaire qu'il est invraisemblable qu'il y ait songé. »

Que si enfin le constituant avait dit expressément que la mort civile du tiers mettrait fin à l'usufruit, nous ne voyons pas ce qui aurait empêché ce terme extinctif de produire son effet. On peut rapprocher de l'article 620 le cas où l'usufruit serait constitué pour durer jusqu'à ce que le nu-propriétaire ait un certain âge, la loi ne prévoit pas cette hypothèse ; mais nous croyons que la solution devrait être la même que celle donnée par l'article 620, attendu qu'en principe la vie ou la mort du nu-propriétaire n'influe en rien sur l'existence de l'usufruit. Au point de vue de cette existence, le nu-proprió taire peut être considéré comme un tiers.

Toutefois, il faut donner certainement une solution contraire lorsqu'il s'agit de l'usufruit légal qu'ont les parents sur les biens de leurs enfants mineurs, jusqu'à l'âge de dix-huit ans.

Si les enfants meurent avant cet âge, l'usufruit n'est pas maintenu sur les biens qui leur ont appartenu. Nous l'avons dit déjà, au commencement de ce chapitre, et c'est l'opinion unanime.

On sait, en effet, que l'usufruit légal des père et mère, leur est accordé, à raison des relations intimes qui existent entre eux et leurs enfants, comme une compensation aux obligations d'administrer les biens (art. 389), de nourrir, d'entretenir et d'élever leurs enfants, et comme une dispense de tenir des comptes pendant une longue période.

On pourrait de plus tirer argument en ce sens, des articles 751 et suivants (V. notamment art. 754).

Il n'est pas sans intérêt de remarquer que le droit de Justinien admettait dans une hypothèse voisine, une solution contraire à la nôtre : l'usufruit créé sur la tête du fils lui survivait et était après sa mort exercé par son père (L. 17, C. *de usufr.*, 3-33 ; — V. thèse romaine, p. 72).

Passons aux effets du terme.

Le terme met fin à l'usufruit : immédiatement l'usufruitier perd tout droit ; il ne peut même pas prétendre aux fruits pendant par branche ou par racine (585) et cela sous aucun prétexte. Il ne le pourrait pas sous prétexte que son entrée en jouissance s'est trouvée retardée, puisque nous avons dit qu'il n'a droit à aucune indemnité, à moins que ce ne soit la faute du nu-propriétaire et encore, dans ce cas, l'usufruit ne continuerait-il pas, l'indemnité serait réclamée par une action personnelle contre le nu-propriétaire.

Tout au plus pourrait-il gagner les fruits comme un possesseur de bonne foi de la chose soumise à l'usufruit à l'égard de laquelle il est détenteur précaire (Arg[t], art. 2236 et 2237). Mais ces principes recevront leurs développements dans le chapitre premier de la deuxième partie.

Enfin il faut rappeler que le terme peut avoir pour effet de faire arriver l'extinction de l'usufruit avant la mort de l'usufruitier, mais il ne peut avoir pour effet de la reculer au-delà. MM. Du Caurroy, Bonnier, Roustain et Demante ont adopté l'opinion contraire, nous avons combattu leur opinion dans le chapitre premier, il est inutile d'y revenir.

Nous avons dit au commencement de cette section que l'usufruit pouvait s'éteindre par l'effet d'une condition résolutoire, cela est parfaitement vrai ; il convient cependant d'observer que cette condition résolutoire diffère des conditions résolutoires ordinaires, en ce qu'elle opère sans rétroactivité (1183); c'est plutôt comme en matière de bail une résiliation, qu'une résolution, ou si l'on veut emprunter un langage d'école, c'est une révocation *ex nunc* et non *ex tunc*.

Cette remarque faite sur les effets, on peut sans danger appliquer les règles ordinaires sur les résolutions, révocations et annulations ; ainsi le pacte commissoire (1184) pourrait entraîner la résolution d'un usufruit constitué à titre onéreux si au contraire l'usufruit avait été constitué à titre gratuit, il faudrait appliquer les révocations des articles 953 et suivants.

Enfin dans l'un et l'autre cas on devrait appliquer les mêmes règles en cas de nullités et de rescisions (1304).

L'application de ces règles n'offrant rien de particulier, il n'y a rien de plus à ajouter a cette extinction de l'usufruit.

SECTION QUATRIÈME

EXTINCTION PAR SUITE DE RENONCIATION

C'est un principe général que quiconque a un droit peut y renoncer, pourvu, bien entendu, qu'il ait la capacité de faire les actes qui diminuent son patrimoine (1282 et s., 2180).

Les articles 621 et 622 supposant que ce principe général s'applique à l'usufruit ne laissent pas de doutes sur ce point.

Mais en quoi consiste la renonciation considérée comme cause spéciale d'extinction de l'usufruit? Nous avons vu précédemment qu'il faut l'entendre assez étroitement, afin de ne pas la confondre avec certains cas de consolidation.

Ce qui distingue essentiellement la renonciation de la consolidation, c'est qu'elle constitue un acte unilatéral, sinon toujours dans la forme, au moins dans le fond (Demante, t. 2, p. 553; — Demol., t. X, n° 728 et 732; — A. et R., t. 2, p. 517; — Laurent, t. 7, p. 91 *in fin.*). C'est-à-dire, qu'il n'y a pas a considérer, si en réalité le nu-propriétaire est intervenu à l'acte, la renonciation produisant des effets propres et tout à fait indépendants de la présence du nu-propriétaire.

Exemple : Un usufruitier a renoncé à son droit avec ou sans l'intervention du nu-propriétaire, puis le nu-propriétaire voit son droit lui échapper pour une cause quelconque, l'usufruit lui échappera également parce que l'usufruitier ne lui a pas cédé son droit ; quelle que soit la forme employée il n'a pas renoncé pour faire acquérir l'usufruit à telle personne qui se trouve être actuellement nu-propriétaire, il a renoncé en quelque sorte *in rem ;* il a fait un acte unilatéral, l'intervention du nu-propriétaire n'a rien changé à la nature des choses.

Au contraire, si l'usufruitier avait fait un acte bilatéral, non dans la forme mais dans le fond, s'il avait entendu céder son droit au nu-propriétaire, nous ne serions plus dans l'hypothèse d'une renonciation, ce serait un cas d'extinction par consolidation et si la nue-propriété échappait pour une cause quelconque au cessionnaire, il n'en conserverait pas moins le bénéfice de la cession : il garderait l'usufruit.

Nous conclurons de là tout à l'heure, que, à la différence de la consolidation qui peut être anéantie par des faits postérieurs, la renonciation produit une extinction irrévocable, sauf les cas, bien entendu, où la renonciation elle-même serait résolue ou annulée.

Cette notion de la renonciation bien comprise, nous ne croyons pas qu'il y ait aucune difficulté à admettre, en principe, les renonciations partielles; elles ne sont pas contraires, à la nature juridique de ce mode d'extinction ; seulement il est de tradition que ces renonciations partielles doivent être écartées toutes les fois que les biens soumis à l'usufruit doivent être considérés comme formant un tout indivisible : *neque enim ferendus est is qui lucrum quidem amplectitur onus autem ei annexum contemnit* (L. 1, § 4, C., *de Cad. toll.*, 6-51), « C'est la une question de fait qui ne peut être résolue « que d'après les termes du titre constitutif et l'intention « probable du disposant ou des parties contractantes. » (Demol., t, X, nº 729).

Cette notion générale donnée, étudions : — I. Les formes de la renonciation et demandons-nous; — II. Si et comment elle peut être anéantie.

§ I.

Du moment qu'il y a bien une renonciation, c'est-à-dire un acte unilatéral dans le fond et non pas une vente ou une donation au nu-propriétaire, il n'y a aucune forme à observer. C'est en effet un principe général en droit français que la volonté produit l'effet juridique sans avoir besoin d'être revêtue d'aucune forme. Ce principe est ici confirmé par des arguments tirés des articles 621 et 2180.

Cette renonciation peut même aussi bien être tacite qu'expresse ; car c'est un principe que, du moment qu'il n'y a aucune forme à observer, la volonté a les mêmes effets de quelque manière qu'elle se manifeste.

Pour savoir quand il y a renonciation de la part de l'usufruitier, il faut donc interpréter les circonstances diverses qui ont pu se produire, les faits qui ont pu manifester cette intention. Toutefois, dans tous les cas, il est nécessaire que la volonté soit certaine, car on ne peut présumer l'abdication des droits : « *Nemo ita resupinus est ut res suas jactet* (L. 25, *pr.*, D. *de prob.*, 22-3).

La renonciation tacite nous amène à parler de l'article 621. Cet article est, en effet, ainsi conçu : « La vente de la chose « soumise à l'usufruit ne fait aucun changement dans le droit « de l'usufruitier ; il continue de jouir de son usufruit s'il n'y « a formellement renoncé ».

Ce n'est pas dans la première partie de cet article que se trouve la disposition importante de la loi, car la nue-propriété et l'usufruit formant deux droits distincts, peu importe à l'usufruitier ce qui arrive au nu-propriétaire.

Il n'en est pas de même du dernier membre de phrase ; car le législateur a voulu par ces mots « s'il n'y a formelle- « ment renoncé » indiquer qu'ils avaient abandonné la doctrine romaine, qui admettait une renonciation de la part de l'usufruitier par son seul consentement donné à la vente de l'objet grevé d'usufruit (L. 4, § 12, D. *de doli mali et metus except.*; 44-4 ; — L. 158, D. *de regulis juris*, 50-17).

Cette disposition de la loi est sage, car la doctrine admise par les jurisconsultes romains, en présumant de la présence ou du consentement de l'usufruitier à la vente, une renonciation à son droit, était très rigoureuse. Il faut donc mieux décider, comme le fait le Code, que, tant que la volonté de ce dernier ne sera pas clairement manifestée, on ne pourra se prévaloir d'une renonciation de sa part.

Cependant, dans certains cas, on aura le droit de prétendre que, par sa présence à la vente, il a indiqué l'intention de renoncer à son droit. Nous supposons qu'il signe un acte de vente où le nu-propriétaire déclare qu'il vend la propriété pleine et entière et sans aucune charge. Si l'usufruitier ne peut alléguer ni dol, ni violence, ni surprise, on pourra en conclure qu'il a consenti à abandonner son droit ; car, comment admettre que, si telle n'avait point été son intention, il ait pu consentir à signer un tel acte ? (Cass., 2 février 1852, I, 178 ; — Proudhon, t. 5, nº 2177). Il n'y aurait point de doute, non plus, dans le cas où l'usufruitier, qui a concouru à la vente, aurait reçu une somme d'argent qui représenterait le prix de sa renonciation. Toutefois, en ce dernier cas, il pourrait y avoir aussi cession.

Une formalité peut, cependant, être nécessaire, non pas pour la validité de la renonciation, mais pour rendre cette renonciation opposable aux tiers, quand il s'agit de la renonciation à un usufruit constitué sur un immeuble : c'est la transcription (Loi du 23 mars 1855, art. 1, 2°).

Cette formalité est toujours requise au cas de renonciation extinctive, mais il en faut distinguer la renonciation au droit, non encore acquis ou si, l'on veut, le refus d'acquérir. Cette renonciation, en effet, n'affecte pas l'existence d'un droit réel qui n'est jamais né (Mourlon, *Transcrip.*, t. I, nº 120 et suiv.).

Enfin, pour terminer sur les formes et conditions de la renonciation, il faut remarquer qu'elle est valable et définitive même avant que le nu-propriétaire ait accepté ou ait manifesté l'intention de s'en prévaloir. Ceci nous amène très naturellement à parler de l'irrévocabilité de la renonciation.

§ II.

Puisque la renonciation n'a pas besoin d'être acceptée par le nu-propriétaire, l'usufruitier est lié dès qu'il l'a faite et ne peut jamais se repentir.

C'est une conséquence de ce que nous envisageons la renonciation comme un acte unilatéral.

On peut faire valoir en sens contraire un argument d'analogie, tiré de l'article 790, qui déclare qu'un héritier ayant renoncé à une succession peut revenir sur sa décision, tant que les héritiers du degré subséquent n'ont pas manifesté la volonté d'accepter.

Cet argument ne nous semble pas fondé ; car, en cas de succession, à défaut d'acceptation, la succession se trouverait vacante ; en cas de renonciation à l'usufruit de la part de l'usufruitier, bien que le nu-propriétaire n'ait pas accepté cette renonciation, on ne peut pas dire que l'usufruit soit jacent, puisqu'il retourne immédiatement à la nue-propriété.

De plus le législateur voit avec faveur l'extinction de l'usufruit, tandis qu'il voit avec regret les successions vacantes.

Mais si l'usufruitier ne peut pas revenir sur sa décision, il ne s'ensuit pas toujours que la renonciation soit définitive. Elle peut être attaquée par ses créanciers ; c'est ce qui est prévu par l'article 622.

Il peut arriver que la renonciation faite par l'usufruitier lèse ses créanciers ; ceux-ci, en vertu de l'article 1167 qui, dans notre droit reproduit l'action Paulienne créée par les Romains, peuvent alors faire tomber l'acte nuisible de leur débiteur.

La renonciation sera maintenue dans les rapports de l'usufruitier avec le nu-propriétaire ; ce n'est qu'à l'égard des créanciers qu'elle sera rescindée, de sorte que, une fois les créanciers désintéressés, la renonciation produira tous ses effets.

Dans l'article 1167, qui contient le principe général en matière d'action Paulienne, le législateur, adoptant la théorie du droit romain, exige deux conditions, quelquefois même une troisième, selon que l'acte est à titre gratuit ou à titre onéreux : la fraude, le préjudice, et, dans certains cas, la complicité. Devons-nous appliquer à notre matière les principes généraux ?

Si nous consultons l'article 1167 qui contient la théorie de l'action Paulienne, et l'article 1464 qui traite de la renonciation à la communauté, nous verrons que la fraude est exigée ; mais le législateur, dans les autres cas de renonciation (art. 622, 788, 1053 et 2125), semble se contenter du préjudice et dispenser de la preuve de la fraude. Cette différence de rédaction dans les textes devait faire naître et a fait naître une difficulté importante.

En nous demandant s'il faut qu'il y ait fraude, nons ne voulons pas dire qu'il est nécessaire que le débiteur veuille nuire à ses créanciers ; il suffit qu'il sache sciemment qu'en faisant tel acte il se rend insolvable et compromet ainsi les intérêts de ses créanciers.

Selon certains auteurs, l'article 622 contiendrait une exception à la règle générale qui veut que, pour que les créanciers puissent attaquer les actes de leur débiteur ; non seulement il existe un préjudice, mais encore une intention frauduleuse. Ces commentateurs étendent leur théorie à tous les cas de renonciation.

Ils invoquent à l'appui de leur thèse les arguments suivants. Le tribunal de cassation a fait à dessein remplacer le mot *fraude* par le mot *préjudice* dans la rédaction des articles 622 et 788 : « Le tribunal exprime bien que dans sa pensée, il doit « suffire par l'événement, que la renonciation porte préjudice « aux créanciers quoiqu'elle ne soit pas frauduleuse par l'in- « tention du renonçant, pour qu'il y ait lieu de la faire an- « nuler. »

On comprend, dit-on, que le législateur ait établi une différence entre les contrats qui exigent le concours des volontés et les simples actes. En cas de contrat, enlever un bénéfice à celui qui avait manifesté la volonté d'acquérir, qui peut-être même avait fourni un prix comme en cas de vente, ce serait le dépouiller d'un bénéfice sur lequel il avait dû légitimement compter sous réserve de la mauvaise foi.

En matière de renonciation, au contraire, celui qui doit recueillir les avantages résultant de la rénonciation ne peut pas dire qu'il pouvait compter sur cette renonciation, puisqu'il n'avait pas concouru à l'acte. Ils ajoutent que tous les textes sauf l'article 1464, qui traitent de renonciations, emploient toujours le mot *préjudice* et ne se servent pas du mot *fraude* : ainsi les articles 622, 788, 1053. Quant à l'article 1464, il aurait été, par erreur, rédigé avec le mot *fraude*, au lieu du mot *préjudice*.

Enfin, disent-ils, la renonciation constitue une libéralité, et une libéralité particulièrement dangereuse, il n'était donc pas extraordinaire de présumer la fraude.

En dernier lieu, les partisans de cette doctrine invoquent l'exception indiquée dans l'article 1167 : « ils (les créanciers) doi- « vent néanmoins quant à leurs droits énoncés au titre des Suc- « cessions se conformer aux règles qui y sont prescrites » ; or l'exception se trouve dans l'article 788 qui prévoit la renonciation faite au préjudice des créanciers.

Nous ne saurions, avec la grande majorité des commentateurs, admettre ce système, qui implique que les législateurs ont eu la pensée de faire une distinction entre les actes à titre gratuit et les simples renonciations.

Car, sans nier la force des arguments de nos adversaires, nous pensons qu'ils ne sont pas conformes à la théorie admise par l'article 1167, qui a posé le principe général ; il faut donc s'en rapporter à lui toutes les fois que le législateur n'a pas marqué une exception en termes précis.

Or, si les articles 622 et 788 s'occupent de renonciations, l'article 1464, qui en parle aussi, se sert du mot fraude. Il nous semble donc impossible d'admettre que les rédacteurs du

Code aient entendu, en matière de renonciation, poser une exception à la règle générale, car s'il en avait été ainsi, ils n'auraient pas mis le mot *fraude* dans l'article 1464.

En second lieu, en consacrant le premier système, on arriverait à reconnaître, dans le cas de dispositions entre vifs, la maxime : *nemo liberalis nisi liberatus,* qui n'a jamais été adoptée que pour les dispositions testamentaires.

En principe, les créanciers ne peuvent exercer que les droits de leur débiteur ; on a, cependant, fait exception à cette règle dans le cas où celui-ci agit en fraude de leurs droits, et cette exception est parfaitement justifiée, car les créanciers cessent alors d'être les ayants-cause de leur débiteur qui a cessé de le représenter ; car il est bien certain qu'il ne peut plus être considéré comme le représentant le jour où il commet un acte frauduleux. Mais tant que ce fait n'est pas produit, en vertu de quel droit les créanciers pourraient-ils agir ? Ce ne sera pas comme agissant au nom du débiteur, car celui-ci ne pourrait rétracter sa renonciation. Est-ce en vertu d'un droit qui leur est propre ? Non, assurément ; ils n'ont pas eux-mêmes de droits, et le débiteur n'a pas commis la fraude qui, d'après le principe posé dans l'article 1167, peut les autoriser à se prévaloir d'un droit qui leur serait propre.

Quant aux articles qui portent le mot *préjudice*, nous avons dit qu'ils ne sont pas concluants, puisque l'article 1464 porte le mot *fraude*. Mais pour prouver que, même dans le cas de l'article 622, on doit exiger non seulement le préjudice, mais encore la fraude, nous dirons que le tribunal de cassation avait fait placer le mot *préjudice* dans ces deux articles et qu'il avait encore demandé que l'on ajoutât à la fin de la section un article déclarant que l'on pourrait toujours faire annuler une renonciation à une donation ou à une succession. La section de législation du Conseil d'Etat s'était rendue à ce vœu et avait ajouté à la suite de l'article 1167 un quatrième article conçu dans ce sens. (Fenet, t. II, p. 587 et t. XIII, p. 12.)

Mais cet article a été supprimé ; il nous paraît donc bien certain que le législateur n'a pas voulu consacrer aux renonciations une théorie différente.

Maintenant, comment expliquer que les articles 622 et 788 n'aient point été modifiés ? A notre avis, il suffit de dire que ces articles ont été votés avant l'article 1167 ; or, à ce moment, on ne savait pas quelle serait la théorie générale que l'on adopterait, et l'on a oublié de faire cette rectification après s'être entendu sur les principes généraux. Cette explication nous paraît beaucoup plus plausible que celle des auteurs qui prétendent que c'est dans l'article 1464 que l'erreur a été commise. Il nous semble plus vraisemblable de croire que les législateurs ont oublié de rectifier deux articles faits avant l'adoption de la théorie générale, que de penser qu'ils ont été assez distraits pour oublier dans l'article 1464 la théorie qu'ils avaient admise comme devant régler l'ensemble de la matière (1).

Croyant avoir démontré que la loi n'a pas dérogé dans la matière qui nous occupe, c'est-à-dire, en cas de renonciation, aux principes généraux posés dans l'article 1167, nous devons répondre à l'objection que l'on a tirée de l'article 1167, qui indique une exception au titre des successions.

A supposer que l'exception se trouve dans la disposition de l'article 788 et que la loi ait entendu classer à part, au point de vue de l'action Paulienne, les cas de renonciation que les auteurs, partisans du système adverse, placent dans une catégorie spéciale, comment se fait-il que l'article 1167 n'indique une exception que pour les renonciations à succession : pourquoi passe-t-il sous silence les renonciations à usufruit et à prescription ? Selon nous, l'exception se trouve dans l'article 882,

(1) Nous savons qu'un troisième système a été proposé : des auteurs veulent que la preuve de la fraude soit nécessaire au cas de renonciation prévue par l'article 1464 et que cette preuve soit inutile aux cas des articles 622 et 788, il nous paraît inutile de discuter ce système attendu que nous ne voyons aucune raison de distinguer entre les différentes renonciations.

relatif à la nullité du partage, qui ne permet pas aux créanciers, même dans le cas où le partage serait frauduleux, d'attaquer ce partage lorsqu'ils n'ont pas formé opposition. Cette exception, du reste, nous semble toute naturelle. Lorsqu'il s'agit d'un acte ordinaire, les créanciers peuvent l'attaquer, mais non s'y opposer ; il faut donc qu'en cas de fraude le législateur protège les créanciers en leur permettant de demander la nullité de l'acte qui leur cause un préjudice. Toute différente est la position des créanciers en face d'un partage. Le législateur a donné aux créanciers un moyen de se protéger indépendamment de l'action Paulienne ; ils ont le droit de s'opposer à la fraude en intervenant au partage, qui est un acte compliqué et qu'on désire ne pas voir recommencer. Si les créanciers sont diligents, grâce à leur opposition et à leur intervention dans l'acte de partage, ils pourront éviter la fraude. Dans le cas contraire, on n'a pas cru devoir les protéger en ne leur permettant pas de faire rescinder même un partage frauduleux.

L'exception indiquée par l'article 1167 se trouve donc, selon nous, dans l'article 882, qui se montre plus sévère en matière de partage, et non dans l'article 788, dont la rédaction n'était pas arrêtée définitivement.

DEUXIÈME PARTIE [1]

CONSÉQUENCES DE L'EXTINCTION DE L'USUFRUIT

CHAPITRE PREMIER

CONSÉQUENCES DIRECTES OU A L'ÉGARD DU NU-PROPRIÉTAIRE ET DE L'USUFRUITIER

Si l'on excepte le cas de la perte de la chose et celui de la consolidation proprement dite, l'extinction de l'usufruit, c'est le retour de l'usufruit à la propriété, c'est le transport du droit de la tête de l'usufruitier sur la tête du nu-propriétaire

Le transfert d'un droit aussi important engendre des rapports assez compliqués entre les deux parties ; des droits et des obligations naissent des comptes doivent être faits.

Nous devons donner une idée de ces comptes en recherchant quels sont les droits de chacune des parties.

§ I.

DROITS DU PROPRIÉTAIRE

Le nu-propriétaire recouvre immédiatement le droit d'user de la chose et de percevoir les fruits.

(1) Cette partie demanderait de fort longs développements et pourrait à elle seule faire le sujet d'une thèse, nous avons dû nous borner et ne donner que les principes presque sans développements.

Par conséquent : *a*. C'est à lui qu'appartiennent les fruits pendants par branche et par racine au moment de la cessation de l'usufruit (585), et si la chose soumise à l'usufruit produisait, non des fruits naturels, mais des fruits civils, le nu-propriétaire aurait le droit de réclamer une part des fruits proportionnelle à la fraction de l'année qui reste à courir. (586).

b. Le nu-propriétaire doit immédiatement être remis en possession, effective de la chose par l'usufruitier ou ses héritiers. Il n'a même pas besoin d'une action pour recouvrer cette possession il lui suffit de faire sommation à l'usufruitier ou à ses héritiers (Pothier, *Douaire*, n° 268 ; — Laurent, t. 7, p. 110, n° 92).

Que si ceux-ci résistaient le propriétaire exercerait contre eux les actions possessoires qui n'ont jamais cessé de lui appartenir (Proudhon, t. V, n° 2572 ; — Laurent t. 7, p. 110, n° 93).

L'obligation de restituer s'applique d'abord au corps certain, objet principal de l'usufruit, meuble ou immeuble, maison ou fonds de terre.

Cependant, nous croyons qu'il faut apporter un tempérament si l'objet de l'usufruit est une maison d'habitation occupée, au moment de la cessation de l'usufruit, par l'usufruitier ou sa famille.

On devrait alors donner aux héritiers de l'usufruiter ou à ce dernier les délais nécessaires pour trouver un autre logement. C'est ce que déjà disait Pothier (*Douaire*, n° 268) et ce qu'il faut encore, aujourd'hui, conclure de l'article 1135 : « Les « conventions obligent non seulement à ce qui y est exprimé, « mais encore à toutes les suites que l'équité, l'usage ou la « loi donnent à l'obligation d'après sa nature. »

On peut encore tirer argument, dans le même sens de l'article 1736 qui, au cas de location verbale, ne permet de donner congé que dans les délais autorisés par les usages locaux. Seulement nous ne croyons pas que le nu-propriétaire soit tenu de se conformer absolument aux usages locaux; l'article 1736 étant un texte spécial non applicable à notre hypothèse, c'est avant tout aux tribunaux à fixer les délais, les magistrats se conformeront, ou non, aux usages locaux, suivant qu'ils le jugeront à propos. Telle était déjà l'opinion de Pothier (conf. Demol., t. X, n° 638). Mais, bien entendu, pendant ces délais les héritiers de l'usufruitier ou ce dernier devront payer un loyer raisonnable fixé par les tribunaux à défaut d'entente amiable (A. et R., t. 2, p. 521, § 235; — Laurent, t. 7 n° 97).

L'obligation de restituer sans délai s'applique également aux choses qui font l'objet d'un quasi-usufruit, notamment aux sommes d'argent. Si l'usufruitier ne restituait pas immédiatement, il devrait, suivant nous, payer les intérêts au taux légal du jour où l'usufruit s'est éteint; mais c'est encore là une question délicate et une solution contestée.

Pothier, au n° 287 du *Douaire*, décidait que les intérêts étaient dus seulement du jour de la demande en justice et on pourrait tirer un argument en ce sens de l'article 1153. Mais on doit répondre avec MM. Aubry et Rau (t. 2, § 235, n. 2) « qu'il « s'agit bien moins ici de payer une somme d'argent, que de « celle de restituer un capital usufructuaire, dont la jouis- « sance ne peut pas s'étendre au-delà de la durée de l'usu- « fruit. L'usufruitier doit être présumé avoir placé ce capital « par cela seul qu'il n'en avait la jouissance qu'à titre d'usu- « fruitier, et il ne serait pas juste que sa négligence fût une « cause de perte pour le nu-propriétaire » (en ce sens, Demol., t. X, n° 637 et les citations de cet auteur).

On s'est demandé si la solution ne changerait pas, au cas où les héritiers de l'usufruitier ne restitueraient pas le capital croyant qu'il appartenait à leur auteur. Ne devraient-ils pas garder les intérêts comme possesseurs de bonne foi? (549-550.) Avec M. Laurent (t. 6, p. 604, n° 485) nous pensons qu'ils ne peuvent être considérés possesseurs de bonne foi aux termes de la loi, car ils ne détiennent pas en vertu d'un titre qui, aux yeux de la loi, explique et légitime leur bonne foi (Arg[t] 2237; — *Contra* A, et R., t. 2 § 235, n° 2).

L'obligation de restituer comprend encore ce qui reste de la chose lorsque cette chose a été détruite (615, 616, 624).

Enfin elle s'applique aux accessions, notamment à celles qui sont venues s'adjoindre à la chose principale depuis la constitution de l'usufruit; aux améliorations et aux constructions que l'usufruitier aurait faites lui-même, sauf le droit d'enlever certains objets à la charge de rétablir les lieux dans leur état primitif (599, 1er et 2e alin. — V. *infra*).

Si l'usufruitier conservait indûment la jouissance de quelques-uns des biens qu'il doit restituer, ou s'il ne pouvait les rendre, sans justifier qu'ils ont péri par cas fortuit, il serait condamné à des dommages-intérêts évalués dans le premier cas par le tribunal *arbitratu boni viri* et, dans le deuxième, égaux à la valeur estimative au jour de l'ouverture de l'usufruit des objets qu'il ne pourrait restituer.

§ II.

DROITS DE L'USUFRUITIER.

L'usufruitier a incontestablement deux droits.

1° Il est créancier du nu-propriétaire à raison de toutes les avances par lui faites des sommes et charges qui doivent définitivement grever la propriété (609, 3e alin.).

Mais peut-il réclamer l'intérêt de ces avances du jour de la cessation de l'usufruit ou seulement du jour de la demande en justice, c'est la réciproque d'une question traitée plus haut; nous devons par analogie décider que les intérêts courent de plein droit nonobstant l'article 1153 qui n'est pas écrit pour cette hypothèse (Civ. rej. 23 avr. 1860; S. 1861 1-544).

2° L'usufruitier peut certainement enlever les glaces, tableaux et autres ornements qu'il aurait fait placer... (599, 3e alin.); cet article doit être entendu largement et s'appliquer à tous les meubles non pas seulement à ceux qui ont le caractère d'ornement, mais à tous à l'exception de ceux qui sont devenus immeubles par leur incorporation au bien soumis à l'usufruit; ceux-ci sont devenus, en effet, par accession, le bien du nu-propriétaire. (En cette opinion, Demol., t. X, p. 642; — A. et R., § 235, n° 13; — pour l'opinion contraire, Proudhon, t. 3, n° 1442).

En sens inverse les héritiers de l'usufruitier n'ont certainement droit à aucune indemnité :

1° A raison des frais de labours et de semences dépensés en vue de la récolte que fera le nu-propriétaire rentré en jouissance (585, 2e alin.);

2° A raison des améliorations. — Cependant, suivant l'opinion générale, la plus-value résultant de ces améliorations doit-être déduite du montant des dommages-intérêts à raison des dégradations faites à l'immeuble (V. A. et R., § 235, n° 12).

Mais voici deux points importants qui font naître bien des difficultés :

1° Les héritiers ou l'usufruitier ont-ils droit à être indemnisés pour les grosses réparations faites au bien, objet de l'usufruit ?

2° Ont-ils également droit à une indemnité pour les constructions nouvelles élevées sur le fonds ?

Quelques mots sur ces deux questions habituellement discutées sur d'autres articles que ceux compris en la section III, (chap. 1, tit. 3, liv. 2 du Code).

I. — L'usufruitier ou ses héritiers ont-ils droit à une indemnité à raison des grosses réparations par eux faites et comment doit être fixée cette indemnité ?

On sait que l'article 605 laisse les grosses réparations à la charge du nu-propriétaire et que c'est une question généralement tranchée dans le sens de la négative de savoir si l'usufruitier peut contraindre le nu-propriétaire à faire ces réparations (V. Mourlon, *Rép, écrit.*, t. 1, n° 1595, note).

Ceci posé, l'usufruitier souvent les aura fait exécuter lui-même soit sur son initiative propre, soit sur le refus du nu-propriétaire. On a soutenu qu'il n'avait alors droit à aucune indemnité (Bourges, 13 juin 1843, S. 1843, II, 513) :

1° En s'appuyant sur l'article 599 (2e alin.), l'usufruitier ne doit pas avoir plus de droits à l'indemnité à raison des réparations qu'à raison des améliorations ; 2° en ajoutant que l'usufruitier contraindrait indirectement le nu-propriétaire à faire ces réparations puisqu'il pourrait les faire lui-même et obtenir ensuite une indemnité.

A la première objection il faut répondre que les réparations nécessaires ne doivent pas être confondues avec des améliorations, qu'on a toujours distingué les unes des autres (L. 79 D. *de verb. signif.*, 50-16 — Nouveau Denizart, V° *amélioration*, § 2, n° 2). Cette distinction est faite par notre Code en bien des articles (861, 1381, 1634-5, 2175). Elle est absolument conforme à l'équité ; enfin elle s'impose ici, attendu que l'usufruitier n'ayant fait ces réparations nécessaires que parce qu'il y était obligé, ce serait contrevenir au principe : *nemo cum damno alterius locupletior fieri potest*, que de ne lui accorder aucune indemnité ; en somme l'usufruitier a agi comme un gérant d'affaires et doit être traité comme tel.

Quant à la deuxième objection, le fondement que nous venons de donner au droit à l'indemnité, l'équité, permet d'y répondre. Puisque le recours de l'usufruitier est fondé sur ce principe que nul ne doit s'enrichir aux dépens d'autrui, le nu-propriétaire ne sera tenu que dans la mesure de son enrichissement, il ne serait donc pas exact de dire que par le fait il a été obligé de faire les grosses réparations.

De plus, le nu-propriétaire sera parfaitement admis à prouver et non pas seulement à alléguer que la réparation n'était pas nécessaire ou qu'il ne l'aurait pas faite parce qu'il voulait changer la destination de la chose, enfin que la valeur de la propriété est peu ou point augmentée, mais il ne pourrait s'exonérer sous le seul prétexte qu'il aurait refusé ou interdit les réparations, car cela n'empêche pas qu'il s'est enrichi.

Tout ceci conformément aux principes de la gestion d'affaires (1372 à 1375).

Enfin, et c'est alors une conséquence de l'idée d'après laquelle le nu-propriétaire n'est pas tenu des grosses réparations, nous pensons que c'est à la fin de l'usufruit seulement qu'une indemnité peut être réclamée du chef des réparations. Voilà pourquoi cette question avait sa place ici.

II. — L'usufruitier a-t-il droit à une indemnité à raison des constructions par lui faites sur le fonds soumis à l'usufruit ?

On admet bien généralement, comme nous l'avons dit, que le propriétaire peut les réclamer parce qu'elles sont devenues siennes par application du principe « *superficies solo cedit* ». Mais doit-il une indemnité ?

Ce qui fait naître la question, c'est qu'aucun art. ne prévoit expressément l'hypothèse et que deux pouvant à la rigueur s'y appliquer, les commentateurs se sont divisés.

Les uns appliquent l'article 599 et assimilant les constructions nouvelles à des améliorations n'accordent à l'usufruitier aucune indemnité. Tel était, d'après Pothier, le sens du mot *amélioration*, tel est encore, disent-ils, son sens, en notre Code, car l'article 2133 disposant que « l'hypothèque acquise s'étend à toutes les améliorations survenues à l'immeuble hypothéqué » entend certainement comprendre en cette expression les constructions. Le propriétaire s'enrichit sans doute, mais l'usufruitier savait à quoi il s'exposait ; or, « *qui* « *dammum sua culpa sentit sentire non videtur* ».

L'article 555 n'est pas applicable, car il s'occupe des constructions faites par un possesseur ; or l'usufruitier ne possède pas (2236-7, 8).

Au contraire l'article 599 est justement écrit pour éviter toutes difficultés, tous procès entre le nu-propriétaire et l'usufruitier ; sans doute, dans ce système l'usufruitier n'aura même pas le droit d'enlever les constructions parce que cela n'est accordé que pour les meubles ; mais cette différence est faite parce qu'il n'avait manifestement apporté que les meubles, dont il s'agit dans l'article 599 que pour un temps et qu'il en est tout autrement de ceux qu'il a convertis en immeubles en les incorporant à une construction.

L'autre opinion nous paraît préférable : nous croyons, en effet, que du moment qu'il y a hésitation entre deux articles il faut *a priori* appliquer celui qui donne le mieux, dans l'espèce nous dirons volontiers, qui donne seule satisfaction à l'équité ; or, le système qui donne seul satisfaction à l'équité c'est celui qui n'enrichit pas le nu-propriétaire aux dépens de l'usufruitier

En deuxième lieu, il nous semble aussi qu'entre deux systèmes il faut toujours préférer celui qui prête au législateur un langage conforme à la langue usuelle. Or, dans le langage courant, jamais on ne comprendra les constructions nouvelles dans les améliorations et si, dans un article, le législateur a eu le tort de laisser de côté le sens habituel du mot *amélioration*, ce n'est pas une raison pour croire qu'il l'a toujours fait (V. cette discussion et les auteurs cités., A. et R., t. 2, § 204, n. 23.).

CHAPITRE DEUXIÈME

CONSÉQUENCES INDIRECTES DE L'EXTINCTION DE L'USUFRUIT C'EST-A-DIRE A L'ÉGARD DES TIERS

Les tiers dont il s'agit ici, ce sont tous ceux qui ont acquis des droits sur l'usufruit lui-même ou sur le bien soumis à l'usufruit du chef de l'usufruitier.

1° Ce sont ceux auxquels l'usufruitier a cédé à titre gratuit ou a vendu son droit (595). Ce qui comprendrait même des acquéreurs d'une fraction, d'un démembrement. L'usufruitier aurait pu lui-même concéder des servitudes ; la règle « *servitus servitutis esse non potest* » ne s'oppose pas aujourd'hui comme en droit romain à cette constitution (L. 15, § 7, D. *de usufr. et quem ad mod.*, 7-1) ;

2° Ceux auxquels il aurait consenti des baux (même article).

3° Enfin ceux au profit desquels il aurait constitué une hypothèque (2118, 2e alin.).

Le principe à poser ici est certainement la règle *resoluto jure dantis resolvitur jus accipientis*. Lorsque l'usufruit est éteint les droits de tous ces tiers s'éteignent également.

L'article 2118 l'applique clairement aux créanciers hypothécaires lorsqu'il dit: « sont seuls susceptibles d'hypothéque « 1°..... 2° l'usufruit des mêmes immeubles *pendant le temps de sa durée.* »

De l'avis de tous, il faut également l'appliquer au cas de vente ou cession quelconque de l'usufruit ; il n'y a pas de textes, mais peu importe : un texte n'est pas nécessaire pour appliquer une règle générale. D'ailleurs l'article 595, en décidant que dans l'intérêt de la bonne administration les baux subsistent, dans certaines limites, même après l'extinction de l'usufruit, décide, par là-même, que les autres droits concédés par suite d'une nécessité beaucoup moins évidente s'éteignent avec l'usufruit.

Nous venons de dire incidemment qu'une exception au principe *resoluto jure*..... avait été faite pour les baux. Quelques mots sur cette exception, nous en verrons ensuite une deuxième également certaine.

1° L'exception relative aux baux est la suivante : les baux faits par l'usufruitier sont opposables au nu-propriétaire pour l'achèvement du temps pour lequel ils ont été faits, si ce temps n'excède pas neuf ans, et pour l'expiration de la période de neuf ans au plus dans laquelle on se trouve au moment de la fin de l'usufruit, si le bail excède neuf ans.

On sait de plus, que les baux peuvent être renouvelés trois ans avant leur expiration, s'il s'agit de biens ruraux ; deux ans avant le même terme s'il s'agit de maisons ; de sorte qu'un fermier peut quelquefois en définitive opposer son droit, douze ans, au nu-propriétaire, un locataire pendant onze ans (1429-1430, Comb., 595).

DEUXIÈME EXCEPTION. — L'extinction de l'usufruit ne peut pas non plus porter atteinte aux droits acquis par des tiers lorsque cette extinction résulte exclusivement et directement de la volonté libre de l'usufruitier ; c'est-à-dire : 1° au cas de renonciation de l'usufruitier à son droit ; 2° au cas d'acquisition à titre particulier, par le même, de la nue-propriété (c'est l'une des hypothèses de consolidation) ; l'usufruit éteint à l'égard du titulaire est réputé subsister à l'égard des tiers, qui ont acquis un droit soit sur l'usufruit, soit sur le bien qui en est grevé.

L'équité et le bon sens imposent cette exception qui peut encore s'appuyer sur l'article 1338, *in fine* (V. Demol., t. X, p. 747 et les auteurs cités). L'article 622 n'y fait pas obstacle, car il s'agit ici non de simples créanciers chirographaires, mais de créanciers ou d'acquéreurs de droits réels ou bien de preneurs à bail qui sont à certains égards assimilés à des acquéreurs de droits réels (1743. — Loi de 1855 art. 2).

Faut-il faire également la même exception et maintenir ces droits malgré l'extinction de l'usufruit, lorsque cette extinction résulte de l'abus de jouissances et dans les autres cas de consolidation ? Ce sont des questions fort discutées par l'examen desquelles nous allons terminer.

I. — La question nous paraît plus facile pour la consolidation que pour l'abus de jouissance. On a vu, en effet, qu'il faut concevoir la consolidation plutôt comme un fait qui rend impossible la continuation de l'usufruit que comme une véritable extinction et par conséquent rien ne s'oppose à ce que les droits des tiers continuent à subsister sur un droit qui en théorie peut être considéré comme maintenu.

Il est vrai que l'article 617 semble ne faire aucune distinction entre cette cause d'extinction et les autres ; mais il en est de même de la confusion en matière d'obligations, le législateur met cette cause d'extinction sur le même rang que les autres dans l'article 1234, ce qui ne l'empêche pas plus tard d'établir des différences très notables entre cette cause d'extinction des obligations et les autres (1298-1300). Or, l'analogie de la confusion et de la consolidation n'est plus à démontrer.

D'ailleurs, tout le monde admet que la consolidation résultant d'une acquisition à titre particulier de l'usufruit n'emporte pas, comme les autres causes, extinction du droit des tiers, donc l'article 617 ne fait pas obstacle à ce qu'on conçoive la consolidation comme différente des autres modes d'extinction par sa nature et par ses conséquences ; il ne serait même pas logique d'admettre que la consolidation produit des effets variables suivant les cas.

Donc, les hypothèques et autres droits réels survivent à l'extinction par consolidation. Il en est de même des baux de plus de neuf ans, qui peuvent être opposés pour toute leur durée à l'usufruitier devenu plein propriétaire.

MM. Demante (t. 2, n° 462 *bis*, II) et Demolombe (t. X, n° 749) pensent même, et avec raison, que le bail pourrait encore, après la consolidation, être opposé à l'usufruitier et à ses héritiers après la survenance d'un nouveau fait qui aurait dû mettre fin à l'usufruit, attendu que pour l'usufruitier le maintien du bail est une question de bonne foi (1135); par exemple, si l'usufruitier a acheté la nue-prepriété ou est devenu héritier, non seulement le bail par lui passé comme usufruitier subsistera quelle que soit sa durée, il continuera également de subsister quelle que soit sa durée après la mort de l'usufruitier, les héritiers de l'usufruitier représentant également leur auteur considéré comme bailleur.

II. — Enfin faut-il apporter la même exception au principe et maintenir les droits des tiers au cas d'extinction par abus de jouissance de l'usufruitier ?

La question est fort délicate ; nous en avons déjà donné les éléments ; mais il faut les grouper ici.

Beaucoup d'auteurs font dépendre la question de cette autre : l'extinction par abus de jouissance est-elle l'accomplissement d'une condition résolutoire tacite ou une peine ? Si c'est une peine, toute peine est personnelle et ne rejaillit pas sur les tiers ; si, au contraire, c'est une condition résolutoire tacite, le droit de l'usufruitier étant censé n'avoir jamais existé, les droits des tiers tomberaient tous ; il faudrait même logiquement aller jusqu'à dire que le preneur à bail ne peut faire valoir son droit, fût-ce même dans les limites des articles 1429-1430 (Du Caurroy, Bonnier et Roustain sur l'art. 618 ; — Demante, t. 2, n° 465 et suiv.).

Disons tout de suite que nous n'admettons pas que l'extinction par abus de jouissance nuise à ceux qui ont acquis des droits sur l'usufruit.

Rien dans les précédents ni dans les travaux préparatoires n'autorise l'hypothèse d'une condition résolutoire tacite ; il est même certain qu'il n'y a pas là une véritable condition résolutoire semblable à celle de l'article 1184, car le nu-propriétaire qui avait constitué l'usufruit à titre onéreux ne rendra pas l'argent qu'il a reçu, aucun texte ne lui impose cette obligation (Demol., t. X, n° 750).

Enfin, s'il fallait voir ici une condition résolutoire sous-entendue, il est certain que c'est à titre de peine qu'il faudrait sous-entendre cette condition, on aurait fait ainsi une supposition gratuite et qui n'aboutirait pas.

Cependant, M. Demolombe donne d'autres motifs tirés des travaux préparatoires et du texte de l'article 618 pour soutenir que l'extinction par abus de jouissance n'est pas opposable aux tiers.

Le motif tiré du texte, c'est que l'article 618 parle d'une extinction absolue, mais nous avons déjà expliqué ce mot : extinction absolue est opposée à l'extinction plus ou moins mitigée dont parle la fin de l'article.

Dans les travaux préparatoires on a dit, il est vrai, que lorsque, malgré l'intervention des créanciers, l'usufruit est déclaré éteint la question est définitivement jugée contre eux et il ne leur reste plus de recours (Locré, t. 8, p. 242-243).

Mais on entendait ici parler des créanciers chirographaires uniquement, attendu qu'on parlait de ceux qui interviennent comme exerçant les droits de leur débiteur; or, les créanciers hypothécaires ayant un droit réel peuvent intervenir en leur propre nom.

Ainsi les travaux préparatoires ne s'occupent pas de cette hypothèse, l'article 618 ne la prévoit pas non plus, il n'y a pas de résolution de l'usufruit. Nous restons donc en présence de cette seule idée : il y a ici extinction à titre de peine; or, les peines sont personnelles, donc les créanciers hypothécaires et autres tiers ayant acquis des droits sur l'usufruit, conservent ces droits jusqu'à ce qu'une autre cause d'extinction de l'usufruit survienne (Laurent, t. 7, n°s 83 et 86).

Quant aux locataires, les mêmes principes leur sont applicables: ils peuvent faire valoir leurs droits après cette extinction de l'usufruit; on pourrait peut-être soutenir, cependant, qu'ils ne les peuvent faire valoir que dans la limite des articles 1429-1430. Ils savaient, en effet, que légalement l'usufruitier ne pouvait consentir un bail pour une plus longue durée; eux aussi ont commis une faute en acceptant un bail plus long.

Cette objection ne nous touche pas; il est très contestable qu'il aient commis une faute en acceptant un bail plus long; en tous cas, rien ne prouve que cette faute puisse être cause de la résiliation du bail dans un cas où l'usufruit est considéré comme subsistant à l'égard des tiers.

FIN.

POSITIONS

DROIT ROMAIN

I. La notion primitive de toute *capitis deminutio,* c'est le retranchement, sur le registre du cens, du chapitre propre à chaque citoyen.

II. La *minima capitis deminutio* n'entraîne pas nécessairement une déchéance.

III. La femme qui tombait *in manum* subissait une *capitis deminutio*, qu'elle fût antérieurement *sui juris* ou *alieni juris*.

IV. La *capitis deminutio minima* ne fait pas perdre le droit de propriété.

V. La *capitis deminutio minima* de l'*adjectus solutionis gratia* entraîna à l'origine extinction du pouvoir résultant de l'*adjectio*, mais dès le deuxième siècle on commença à réagir contre ce principe, et on chercha avant tout qu'elle avait pu être l'intention des parties.

POSITIONS. — CODE CIVIL

I. Le mineur, lorsqu'il est usufruitier, ne peut jamais perdre son droit par le fait de son tuteur.

II. L'exercice d'une partie seulement du droit d'usufruit n'entraîne pas perte partielle.

III. Lorsque la chose soumise à l'usufruit est détruite, l'usufruit renaît si la chose revient à son état primitif, à moins que trente années ne se soient écoulées.

IV. Pour faire annuler la renonciation de leur débiteur à un droit d'usufruit, il faut que les créanciers prouvent non seulement le préjudice, mais encore la fraude.

V. L'usufruitier qui a fait de grosses réparations a droit à une indemnité comme le gérant d'affaires.

VI. Les droits existant au profit des tiers soit sur l'usufruit, soit sur les biens soumis à l'usufruit, subsistent malgré l'extinction par consolidation.

POSITIONS PRISES EN DEHORS DES SUJETS TRAITÉS

CODE CIVIL

I. Le père qui a émancipé son enfant mineur est son curateur de droit ; il n'y a pas lieu à nomination d'un curateur par le conseil de famille, comme au cas d'émancipation par ce conseil.

II. La femme mariée, autorisée par son mari à faire le commerce, peut acquérir, comme commerçante, un domicile spécial et distinct de celui de son mari, au lieu où elle a son principal établissement, et c'est le tribunal de commerce de ce domicile qui est compétent pour déclarer la faillite.

III Les sous-locataires peuvent être, à raison de l'incendie, actionnés directement par le propriétaire.

IV. L'article 1423 est une dérogation au droit commun.

DROIT ROMAIN

I. L'action de dol n'est jamais qu'une action subsidiaire.

II. L'insinuation à Rome était une institution de publicité.

III. Les textes du Digeste, considérant les vêtements comme susceptibles d'un usufruit véritable, peuvent se concilier avec les Institutes, § 2, *de usuf.*, qui les citent comme un exemple de quasi-usufruit.

IV. Le legs d'usufruit de choses consomptibles, même fait *per vindicationem*, ne donne au légataire qu'une action personnelle contre l'héritier.

DROIT CRIMINEL

I. Le détournement commis par un fils constitué gardien de la saisie-exécution pratiquée sur lui par son père est passible des peines édictées par l'article 400 du Code pénal.

II. Le Président de la République n'a pas le droit de grâce dans le cas prévu par l'article 337 du Code pénal.

DROIT CONSTITUTIONNEL

I. Le Sénat n'a pas le droit d'augmenter les crédits inscrits dans les lois de finance ; il ne peut que les diminuer ou rejeter purement et simplement la loi.

II. L'Assemblée nationale réunie en congrès, conformément à l'article 8 de la loi du 25 février 1875, n'a qu'un pouvoir limité de revision.

Vu par le président de la thèse :

BUFNOIR.

Vu par le doyen :

CH. BEUDANT.

Vu et permis d'imprimer :

Le vice-recteur de l'Académie de Paris.

GRÉARD.

TABLE

DE LA *CAPITIS DEMINUTIO MINIMA*

DE L'EXTINCTION DE L'USUFRUIT

Imp. du Fort-Carré, 19, chaussée d'Antin, Paris. 6.009-4.

Imp. du Fort-Carré, 19, Chaussée-d'Antin (Paris).

www.ingramcontent.com/pod-product-compliance
Ingram Content Group UK Ltd.
Pitfield, Milton Keynes, MK11 3LW, UK
UKHW021127220726
13924UKWH00004B/1945